JN036759

実話異聞
狐火怪談

松本エムザ

竹書房
怪談
文庫

はじめに

拙著をお手に取っていただき、誠にありがとうございます。

再び「火」をお届けに上がりました。松本エムザ、二冊目となります実話怪談集「狐火怪談」でございます。

前作『貰い火怪談』を上梓以降、ありがたいことに多くの友人知人から感想とともに貴重な体験談をお聞かせいただきました。

拙著読後に「なるほど、こういう話なら自分もあるな」と、思い出の中から「不思議の種」を掘り出してくださった方が多くいらしたのです。

受け取った「貰い火」を新たな火種として大切に育て、第二弾として書籍に纏めることができました。

老若男女の体験者様からお預かりしたお話は、昭和から令和、様々な時代に亘っております。また、生まれ育った東京から、結婚を機に北関東へと移り住んだ、私自身の体験談も交えさせていただきました。バラエティに富んだ一冊となったと自負しております。

「貴女の怪談には『あい』があるよね」

前作の読者である友人のひとりがくれた言葉が、執筆中の大きな支えとなりました。

愛、哀、相、逢、遭――。

脳内で幾つかの文字が、友人の発した「あい」に結びつきました。どれも提供者様のお話を綴る上で、私が大切にしたい視点でありました。

――視点。

これも、「eye《アイ》」のひとつに含まれるように思います。

前作に引き続き、「Memento Mori《メメントモリ》(ラテン語で『死を想え』の意)」の精神をベースに「あい」に満ちた怪異譚を綴りました。

闇夜に妖しく揺れる青白い炎「狐火」のように、一話一話が読者様の心に灯りますことを、心より願っております。

目次

はじめに 2
道の先に 8
落ちていない 13
駐車場の彼女 17
演劇の神様 21
かつて表参道で 25
青山霊園三景 32
栃木の怪　其ノ壱　湖畔にて 39

栃木の怪　其ノ弐　石を抱く　52
栃木の怪　其ノ参　忠告　56
一抹の不安　61
孝行娘　65
撫でる女　69
ダンさんの教え　77
換気推奨　84
子どもは三人　90
歪み　96
事故実家　101
魅せられて　105

110 パーフェクト・スノーマン
116 機械怪　其ノ壱　息子よ
121 機械怪　其ノ弐　スピーカーは歌う
126 機械怪　其ノ参　サイン
130 機械怪　其ノ肆　肩越しの参加者
135 機械怪　其ノ伍　友からのメール
138 夜、光る
144 三者三様
153 A君の弱点
160 小さな目撃者
166 おともだち

172 園児は見た
179 私のお雛様
197 しずむ
202 続・しずむ
208 愛を叫ぶ
211 どうして彼は
216 君の名を

222 あとがき

※本書に登場する人物名は、様々な事情を考慮してすべて仮名にしてあります。また、作中に登場する体験者の記憶と体験当時の世相を鑑み、極力当時の様相を再現するよう心がけています。現代においては若干耳慣れない言葉・表記が登場する場合がありますが、これらは差別・侮蔑を意図する考えに基づくものではありません。

道の先に

ある夜のこと。

働く主婦である奈美子さんは、仕事終わりに愛車の軽を走らせ、夜の道を自宅へと向かっていた。

赤く点灯した信号に従い、横断歩道の手前で一時停止する。

市街地を抜けた住宅街。ナビに表示された時刻は、午後十一時を回っている。周辺では既にこの時間、人の往来も走る車の量もめっきり少なくなる。対向車も横断歩道を渡る人の姿もなかったが、それでももちろん信号は守る。

信号が「進め」に変わるまでのほんのひと時、一日の疲れで溜まったコリをほぐそうと、肩と首をぐるりと回したその瞬間——、
ドンッという衝撃音が、フロントガラスの向こうで響いた。

何かを轢いてしまったか？　と動揺が走ったが、こちらは停車中の状態だ。では何かがぶつかってきたのか？　と瞬時に考えを巡らせたが、

「ひぃっ」

ライトが照らしだした前方の光景に、思わず悲鳴を上げる。

いつの間に現れたのか、軽のミニバンの狭いボンネットに手をついて、身を乗り出すようにしてこちらを凝視する、白髪頭の老婆の姿があった。

――ドンッ
再びの衝撃音とともに、震動で車内が揺れた。鬼気迫る表情の老婆が、両手で力任せにボンネットを叩いたのだ。

「な、何ですか」

怒りをぶつけられる理由など皆目見当が付かず、思わず口から出た台詞は混乱からか震えていた。すると、

「どっちだぁぁぁ」

噛みつくような勢いで、老婆が叫んだ。

どっちとは、いったい何を意味するのか？　何かを自分に選ばせようとしているのか？

わけが分からぬまま返答に窮していると、

「どっちに行けばいいんだぁぁ」

再び老婆が、必死の形相で尋ねてくる。乱れた頭髪、身に着けているのはパジャマのような薄着だ。ようやく春めいてきた時候ではあったが、まだ夜間は冷えるのに。

少しずつ冷静になってきた頭で、奈美子さんは考えた。

(もしかしてこのおばあさんは、痴呆が原因で徘徊してしまっているのではないか?)

そう考えるに至った瞬間に、はたと気が付いた。

(この人、小山田さんちのお母さんだ)

小山田家は奈美子さんの自宅の御近所さんで、奈美子さん同様五十代の御夫婦と、御主人のお母さんが同居していた。お母さんは八十を過ぎた高齢者だったが、いつも身なりをきちんと整え、上品で小綺麗な御老人だった。だから、目の前で白髪を振り乱し、顔をグシャグシャにして叫ぶ姿とは、すぐには結びつかなかった。加えて彼女は、毎日愛犬の散歩に出掛け、掃除洗濯に料理も積極的にこなす、まだまだ元気いっぱいの御老人だ。つい先日も奈美子さんに、新しく開店したコインランドリーの割引サービスについて情報をくれたばかりだ。それなのに、夜中に徘徊?

彼女の身に何が起こったのか。

とにかく話を聞こうと、後続車の有無を確認し、車から降りると——、
そこには誰もいなかった。

車の周りにも、道路周辺にも人影はない。幾ら元気いっぱいの小山田さんでも、そんなに素早く移動できるのか？

考えてみればおかしかった。車の前に姿を見せたのもいきなりであったし、何よりあの「どっちだ？」の問い掛けだ。窓はすべて閉まっていた。なのに声はクリアに聞こえた。まるで、耳元で叫ばれたように。

大いに謎は残ったが、道の向こうに後続車のライトを見つけると、急いで運転席に戻り、青信号に従って車を発進させた。

念のため、小山田さんの自宅の前を通って確認したが、窓も玄関も明かりは既に落とされ、何事もなかったようにしんとしている。小さな胸騒ぎを覚えつつ、奈美子さんは家路を急いだ。

後日、この夜に小山田家に起きた出来事が判明した。

自宅で胸の痛みを訴えた小山田さんのお母さんは、念のためにと夜間診療に訪れた病院

で意識を失って倒れ、そのまま息を引き取った。心筋梗塞であったという。

「慎ましく、家族のみで」の、生前の本人からの希望に添って、葬儀は家族葬で執り行うとの連絡が、町内会を通じて奈美子さんの元に届いた。

奈美子さんがあの日遭遇した、小山田さんのお母さんとおぼしき謎の人物は、

「どっちだ？」

と、行くべき道を探していた。

その道は、どこに続く道であったのか。

魂だけでも、自宅へ帰ろうとしていたのか。生還する術を求めていたのか。

それとも、探していたのは極楽浄土への道のりか。

人相が変わるくらい必死に求めるほどの何かが、その先にはあったのかもしれない。

落ちていない

「おちむしゃが歩いていた」

まだ小さな娘の口から出た単語が、脳内で「落ち武者」の漢字に繋がるまで数秒を要したという。

万記《まき》さんのお嬢さんは、当時小学校に上がったばかり。「落ち武者」などという言葉をどこで学んできたのかも気になったが、それよりも、

「落ち武者が歩いていた」

と、娘さんが指し示した場所に動揺を隠せなかった。

そこは自宅のリビングだった。念願のマイホーム。選び抜いた家具やカーテンで作り上げた、自慢の空間に落ち武者が？　日当たり良好、居心地最高の我が家のリビングに、戦に敗れて傷ついた、ざんばら髪の武士が歩いていたというのか？

恐怖する万記さんとは逆に、落ち武者の亡霊を目撃した本人である娘さんは、まったく怖がってはいなかった。

「大きなワンちゃんがいた」

そんな状況と変わらないような、ごく自然な反応だった。

神奈川県・横浜市で生まれ育ち、ハマっ子を自称していた万記さんは、結婚を機に御主人の実家近くの静岡県・三島市に移り住んだ。娘さんを出産後に新築した二階建てのマイホームは、三嶋大社の近くに位置している。

伊豆国《いずのくに》の一宮《いちのみや》・三嶋大社が、鎌倉幕府初代征夷大将軍・源頼朝ゆかりの神社であると万記さんが知ったのは、この地で暮らし始めてからだった。

初陣である平治の乱に敗れ、伊豆国の蛭ケ小島《ひるがこじま》へ流罪となった頼朝が、源氏再興の祈願に通ったという三嶋大社。

万記さんの自宅は、その二地点の中間辺りに建っていた。

土地的な歴史を考えれば、娘さんが見たのは源氏にまつわる落ち武者かもしれない。頼朝勢が平家討伐に向けての旗挙げ後、大庭景親《おおばかげちか》ら平家方と対戦して敗れた石橋山の戦いの古戦場までは少々距離があったが、その合戦で命を落とした武士の亡霊が、自宅のリビングを通り道にして、三嶋大社に向かったのではないか。もしや我が家は、霊道という奴にぶつかってしまっているのか。

想像の羽を広げ、そう考えるに至った万記さんは、この先も家の中を落ち武者が通過していくのかと震えたが、幸いにもその後一切娘さんから「落ち武者目撃情報」が報告されることはなかった。

そして時は流れて二〇二二年。NHK大河ドラマにて、「鎌倉殿の13人」が放映開始となった。北条義時を主役に、鎌倉幕府誕生の過程とその後を描くドラマの冒頭は、伊豆国が舞台となる。地元では「大河ドラマ館」なる施設もオープンし、ドラマに関する史跡やゆかりの地を纏めたガイドマップも作成され、三島市周辺は大いに盛り上がりを見せている。ドラマの制作が決まり、地元が源頼朝の話題で沸く中、万記さんはふと過去の娘さんの発言を思い出した。

「ねぇ、あなた子どもの頃、『家の中に落ち武者が歩いている』って言ったの覚えている？」

既に大学生になった娘さんに、そう尋ねると、

「違う違う。それ間違っている」

すっかり忘れているのではと思っていた娘さんが、即答で否定した。

「あれね、落ち武者じゃなくって、『今から出陣するぞ』みたいなめちゃくちゃ元気な武士の行列だった」

三嶋大社では毎年八月に「頼朝公旗挙出陣奉告祭」が行われ、参加者は当時の衣装に扮し出陣式を再現し、その後行われる市内パレードには、有名人を招いたりと、祭りの大きな目玉となっている。

娘さんが自宅のリビングで目撃したのは、正にその再現された武者行列にそっくりな、勇ましい甲冑姿の武士の行進であったという。

「落ちていなかったから」

だから全然怖くないでしょ？　とでも言いたげな顔の娘さんに、「じゃあなんで『落ち武者』だなんて言ったの？」と問えば、

「なんでだろ？　覚えたての言葉だったんじゃないの？」

その点は、さほど気にしていない様子であった。

「結局なんだったんだって話だけれど、今年の大河のおかげで思い出してね」

そう言って、古い友人の万記さんが連絡をくれた「落ちていない」体験談である。

駐車場の彼女

柚希さんは十代の頃、「バンギャ」であった。

応援するバンドのライブにはすべて参戦、収録があればテレビ局、ラジオ局に入り待ち、出待ちに張り込む。だが八十年代にはまだ「バンギャ」の言葉はなく、単純に「追っかけ」と纏めて称されていた。

最愛のミュージシャン――、（現代で言うならば「推し」だ。語数の関係上、以降この言葉を使用する）柚希さんの推しは、一時期国営放送のラジオ番組にレギュラーを持っていた。

週に一度の収録日、通っていた代々木の専門学校の授業を抜け出し、柚希さんは出待ちのために、渋谷区にあるＮＨＫ放送センターへと赴いた。出待ちをするのは、公園通りの坂の上の正面玄関ではなく、敷地の裏手、井の頭通り沿いに面した西口の通用門だ。

愛車のスポーツカーで収録に来ていた推しは、西口の駐車場を利用していた。車の前にたむろすると警備員が飛んでくるので、敷地外の歩道で推しが現れるのを待つ。推しが通用門から姿を見せたら速やかに近寄り、用意していた手紙やプレゼントを渡す。

収録は平日の昼間だったので、追っかけをする女子は多くて四、五人だったからか、ありがたいことに警備員もそこまでうるさく注意をしに来なかった。駐車場に停められた推しの車が出るまでの、わずか数十秒。推しから貰う「ありがとう」のひと言だけで、天にも昇る気持ちになれた。

その日は、小雨の降る中の出待ちだった。傘を開くほどでもない霧雨。歩道で待つ、顔見知りのファンの子たちと雑談を交わしていると、

「あれ、お姉様《ねえさま》じゃない？」

ひとりの子が、苛立ちを滲ませた声を上げた。「お姉様」は古株のファンで、花柄にフリルたっぷりのデザインが特徴の、当時の人気ブランドの服装がトレードマークだった。十代だった柚希さんたちよりひと回り年上だと聞き、様々な意味合いを込めて皆は「お姉様」と呼んでいた。

推しのメタリックブルーのスポーツカーに寄り添うようにして、お姉様が立っている。

駐車場に侵入して出待ちするのは、抜けがけだ。ルール違反だ。ざわつく柚希さんらの視界の片隅に、推しの姿が映った。ズルをしたお姉様に先を越されてはならないと、柚希さんたちは一斉に駆け出した。ぶら下がりの取材記者のように推しを取り囲み、車の前まで来ると——、

そこで待っていたはずのお姉様の姿がない。

気づいたのは、車に乗り込んだ推しを見送った後だったが、離れた場所で見ているということもなかった。いつの間にか、まるで消えるようにいなくなっていた。

お姉様が亡くなっていたと人づてに聞いたのは、それから数日後。過労死とも不治の病とも、自ら命を絶ったのだとも噂されたが、本名すら知らない仲であった彼女について深く知る人は、柚希さんの周囲にはいなかった。しかし、駐車場で柚希さんたちが目撃したあの日には、既に他界していたのは確かだと、事情通の友人にあとから聞かされた。

にもかかわらず、以降その場所に何度かお姉様は現れた。丼の頭通りを挟んだ植込みの影で佇んでいたこともあれば、通用門に立つ警備員の背後に彼女のお気に入りのワンピースがちらついたときもあった。柚希さんが出待ちに行けなかった日、

「推しの車の助手席に、お姉様が乗っていた」

そんな目撃報告もあった。

不思議なことに、ライブハウスやコンサート会場、他のテレビ局などでは彼女の姿を見たという人は現れなかった。

何故、あの場所だったのか。

NHK放送センターが、二〇二〇年より建て替え工事が始まったとのニュースを目にした柚希さんが思い出して語ってくれた、かつての体験談である。

演劇の神様

演劇の街、下北沢《しもきたざわ》。

本多劇場を筆頭に、大小様々の劇場が集まるこの街は、今も昔も演劇人の聖地とされている。

現在、神奈川県で主婦として暮らす夏子さんにとっても、かつて下北《しもきた》は憧れの場所であった。

中学、高校と演劇部に所属していた夏子さんは、高校生の頃に下北の小劇場で観劇した小劇団の芝居に惚れ込み、公演のたびに足繁く通い、卒業後はその小劇団の門を迷わず叩き、演劇界へと飛び込んだ。

入団して最初の公演では、夏子さんは雑用係であった。衣装、小道具、制作その他、諸々の手伝い。大抵の小劇団は役者と裏方は兼任である。芝居に集中したい役者陣は、あらゆる雑務を新人の夏子さんに振ってきたが、演劇の聖地・下北で上演される舞台に関わることができる喜びに溢れた夏子さんにとっては、すべてが新鮮な体験で、喜んで雑多な仕事をこなしていった。

大忙しのスケジュールを乗り切り、無事に小屋入り（公演に向け、劇場に入る日）を迎えたその直後、

「夏子、『剣菱《けんびし》』買ってこい！」

大道具の長《おさ》でもある劇団の中核の役者に、そう命じられた。まだ十代だった夏子さんは「剣菱」と言われても、ピンとこない。ひとりの先輩役者が「一緒に行こう」と助け船を出してくれ、連れ立って買い物に出掛けた。

「剣菱」は一升瓶の日本酒であった。茶色い瓶に白地に黒のシンプルなデザインのラベル。御両親ともに下戸であった夏子さんにとっては、縁遠い品だった。今回の芝居の中で、お酒を呑むような場面はないのに、何故一升瓶が必要なのかと不思議に思っていると、先輩役者がその理由を教えてくれた。

「仕込み（本番に向けての舞台の設営、音響、照明のセッティング等）が終わったらね、舞台に一升瓶を供えて、明日無事に初日の幕が開けますようにって、お祈りするんだよ」

芝居の神様への祈願。劇団旗揚げ当時からの伝統なのだという。

「もし明日の朝、一升瓶のお酒の量が減っていたら、その公演は大入りが約束されるって言われているんだ」

演劇の神様への供え物。面白い言い伝えだなと、夏子さんは感じた。

そしてその翌朝――。

舞台装置の中心に置かれた一升瓶は、当然ではあるが封も切られていなければ量も減っていなかった。しかし、

「これって、こんな色でしたっけ？」

茶色い瓶の中の透明だった液体が、向こうが透けて見えないほどに、黒い澱《おり》のようなもので濁っていた。

すぐさま劇団幹部の連中が集まり、真剣な表情で劇団員全員に「千秋楽まで各自、事故や病気に細心の注意を払うこと」と告げられ、自転車やバイクの運転、アルコールや生物《なまもの》の飲食も控えるようにとまで言われた。

にもかかわらず、五日間の公演の中日《なかび》を前に、主演女優が急性胃炎で倒れ、降板を余儀なくされた。

しかし不幸中の幸いか、「剣菱」の不吉な予兆を誰よりも気に掛けていた座長が、「誰に何が起きてもすぐ対処できるように」と対応策を幾つも考えていたおかげで、女優の穴は他のキャストで補いながら、なんとか無事に千秋楽を迎えることができたのだという。

下北には、演劇の神様がいる。

芝居から離れてしまった今でも、夏子さんはそう信じている。

かつて表参道で

ファッションからグルメまで、あらゆるトレンドが生まれる、常に時代の最先端を行く街、青山・表参道。

東京近郊にお住まいの主婦・美咲さんは、御実家が表参道駅からほど近い、港区の南青山にあるという山の手育ちのお嬢様である。

「先祖が住んでいた土地ってだけだもの。全然凄くないのよ」

御本人はまったくそれを鼻にかけることなく、「至って普通の子ども時代」を送ったと話す。

以下は昭和五十年代、彼女が小学六年生の頃の体験談になる。

新学年になってクラス替えがあり、お洒落や恋愛に積極的なクラスメイトに刺激を受けた美咲さんは、ダイエットを決意し、「毎朝早起きをしてランニングをしよう」と思い立った。近所に住む友人に声を掛け、ランニングのコースに選んだのが表参道であった。国道246号・青山通りの交差点から、原宿方面へ明治天皇を祀る明治神宮へと向かう。途中、表参道に掛かる歩道橋を渡ってUターンをする。コースの途中、歩道橋の上でひと休みをして、まだ車通りの少ない、朝の表参道を眺めるのが二人の日課だった。

当時、デザイナー・森英恵氏のオフィスが入ったハナエ・モリビルが、表参道に竣工され話題となっていた。ガラス張りの多面構造で、近未来を彷彿させる斬新なデザインのその建物は、後に表参道のランドマーク的存在となった。

美咲さんは、そのハナエ・モリビルのガラスの壁面に映り込む朝日が、何よりのお気に入りだった。晴れた日の朝、歩道橋から青山通り方面の表参道を眺めると、まばゆい朝の陽射しが鏡に映り倍になって自分に降り注いでくるようで、自然とパワーが湧いた。

その日も、よく晴れた朝だった。おしゃべりをしながら、表参道の緩やかな坂を下っていく。歩道橋を駆け上り、青山通りを望むと――、

「……何、あれ?」

いつもとはどこか違った印象の光景に、美咲さんは声を上げた。ガラスの壁面に映る太陽は変わらない。だが、道の先の交差点付近がまるで陽炎《かげろう》のように、街路樹や建物がゆら

ゆらと揺らいでいる。道路の右側に建つ、銀行の周辺の揺らぎが特に激しい。

「え？　何か見える？」

隣に立つ友人には、何故かそれが見えていなかった。揺らめきの中から、もやっとした煙の塊が幾つもシャボン玉のように次々と浮かんでは消えていく。

「もしかして貧血とか？　帰りはゆっくり走ろう」

友人に促され歩道橋を降りて道の先を見ると、視界はいつも通りに戻っており、銀行周辺の揺らぎも煙の玉も見えなくなっていた。

五月二十五日。一九四五年のこの日が、東京山の手大空襲によって地元・表参道でも甚大な被害が出ていたことを詳しく知ったのは、美咲さんが大人になってからだった。偶然見つけたネット記事。その中で、当時の表参道の惨状を知り、愕然とした。

深夜から始まった無差別の爆撃は、多くの尊い人命を奪った。焼け野原になった青山通り、そして表参道。角地に建つ「安田銀行」の前には、頑丈な建造物であった銀行内へ避難しようとして入りきれなかった人たちの遺体が、山積みになって発見されたという。

小学生だった美咲さんが、放課後友人たちと遊ぶために、よく待ち合わせの場所にしていた、表参道の入口に立つ石灯籠を、随分と薄汚れて傷んでいるなぁと思って見ていたけれど、それが空襲の爪痕だったということも、長い間知らずにいた衝撃の事実であった。

「自分の生まれ育った街の歴史を、ちゃんと学ぼうとしなかった自分が恥ずかしかった」

そう言って美咲さんは、声を詰まらせた。

安田銀行の跡地には、現在みずほ銀行が建っている。そして美咲さんが、歩道橋から不思議な揺らぎを見たその場所こそ、みずほ銀行の前身となる富士銀行であった。

「もう四十年以上も前のことだから、ちゃんとした日にちは覚えていないんだけれど」

でも確かにあの日は、表参道のケヤキ並木の新録も美しい五月の下旬に間違いないと、美咲さんは明言する。

銀行と石灯籠の中間にはひっそりと、平和を望む追悼碑が建てられている。美咲さんは、実家に帰る際にはそこへ立ち寄り、静かに祈りを捧げている。


さてここからは、筆者の自分語りをさせていただく。

筆者・松本も、美咲さんと同じく青山・表参道で幼少期を過ごした。

子どもの頃の忘れられない思い出のひとつに、こんな出来事がある。

小学校に上がったばかりの頃、毎夜うなされて起きることが数日続いた。夢を見ていた

かどうかの記憶はなく、

「何しているの？　大丈夫？」

心配した母の声でハッと気づいて目を覚ますのだが、その際の状況が毎回同じであった。

当時私は、実家のマンションの六畳の和室に、母と三歳上の姉と三人で川の字になって就寝していた。私はその真ん中の布団の上に正座になって座り、パジャマの上をめくり上げ必死に脱ごうとするが、前開きのパジャマのボタンが首の部分で引っかかって脱げないでもがいている。そんな状態で、毎回目を覚ますのだった。

母が言うには、正気に戻るまでの私は、

「熱い、熱い、熱い、熱い」

と、うなされたように繰り返していたのだという。

真冬のことである。発熱もしていなかった。だが掻きむしったわけでも、虫に刺されたわけでもないのに、お腹の部分がまだらに赤くなっていた。

朝になったら病院に行こうと母は言ってくれたが、その頃になるとお腹の赤みは消えていた。

そんなことが三夜ほど続いたが、原因不明のまま、その後何事もなかったようにきっぱりと治まった。

それでも、子どもながらに自分が寝ぼけて妙な行動を何度も起こしたことは、強烈な思い出として、記憶の片隅に残っていた。

前出の美咲さんから、戦時下に壊滅的な被害を受けた我が町・表参道の話を伺った際、恥ずかしながら私自身も初めて知った哀しい事実が多々あった。表参道の交差点に立つ、一対の石灯籠の逸話についても同様だった。

そして長い年月を経て、忘れられない自分の過去の出来事とそれが、ようやく結びついたのだ。

美咲さんからこんな話を聞いた。彼女の同郷の同級生が子どもの頃、件の石灯籠の周辺で遊んだことがあった。悪ガキ仲間とよじ登ったり、台座の部分にキックを入れたりやりたい放題をしたその夜、原因不明の高熱に襲われ三日三晩寝込んだという。

重なったのは、「熱い、熱い」と毎夜うなされた幼き日の自分。あの日、私も同様に表参道の石灯籠で遊んでいた。登ったり蹴ったりなどはしなかったが、買い物に同行した際、母親が交差点近くでばったり出会った近所の主婦と立ち話をしている間、時間を持て余した私はぐるぐると石灯籠を回り、疲れたら寄り掛かって休むの行為を繰り返していた。多くの避難者が命を落とした、元・安田銀行側の灯篭でだ。

一九四五年の山の手空襲。焼夷弾の爆撃によって上がった火の手は、表参道を火の海に変えた。

忘れてはいけない戦争の悲劇と、交差した自身の体験。

五月二十五日という日を、深く心に留めておきたい。


〈追記〉歳月の流れに風化してしまうことのないよう、生まれた街が被った戦禍の記録を学ぶべく拝読した書籍を紹介したい。
・表参道が燃えた日—山の手大空襲の体験記—（『表参道が燃えた日』編集委員会発行）
追悼碑建立を機に集められた、被災者による体験記である。

改めて、世界平和を強く祈る。

青山霊園三景

実家のある東京・港区南青山には、怪談界隈において名の知れたスポット「青山霊園」が所在する。一八七四年（明治七年）に公共墓地として開設された東京都公園協会が運営する都立霊園であるが、多くの地元民は「青山霊園」の名称よりも、「墓地」とシンプルに呼称していた。ちなみに「墓地」のイントネーションは「墓《はか》」と同様に平板に読む。

小学生の頃、放課後毎日のように墓地近くの公園に通っていた。公園は橋の下に位置していたので、「墓地下《ぼちした》に集合ね」などと友人と約束を交わすのだ。

夕方五時を告げるチャイムが鳴ると、子どもたちはそれぞれ家路へと向かう。その際に、万が一公園に忘れ物をしたと気が付いても、ひとりで取りに行ってはいけない。誰かと一緒に行く、若しくは翌日まで待つ。そうしないと怖い目に遭う。

そんなことが、仲間内でまことしやかに噂されていた。

財布を落としてひとりで探しに戻った男子は、既に暗くなり始めた無人の公園で、誰かに肩を叩かれ振り向いたが、そこには誰もいなかった。

お気に入りのハンカチを公園でなくしたという女子は、なんとか見つけ出して急いで帰ろうと、公園近くの階段を駆け上がったところ、二つに結んでいた髪の片方の束を背後から強く引っ張られ、転げ落ちて足をねん挫した。ちなみに彼女はその後、墓地下の公園に二度と遊びに来ることはなかった。

この女子同様に「お墓の近くだなんて」と怖がって、その公園に近寄らない子も時折いたが、トイレや水道も完備され、近くに駄菓子屋もあった墓地下の公園を「行きつけの公園」とする子どもは多くいた。

暗くなってから公園にひとりで戻ることのないようにと、帰り際仲間同士で持ち物確認を心がけた。財布、ハンカチ、ボールに縄跳び、あの頃大流行した飲料メーカーがブームを起こしたヨーヨー等々。

にもかかわらず、何かを置き忘れ、落とし忘れをして、それがどうしてもその日に必要で、公園にひとりで戻らなければならなくなる子がいた。私である。

墓地下の公園から帰宅した際、家の鍵がないことに気が付いた。チャックのあるポシェットに入れておいたのに、公園では開けた覚えがないのに見つからない。マンションの前で呆然としていたところ、幸い仕事に出ていた母も戻り自宅には入れたが、鍵をなくしたと伝えると、

「すぐに探してきなさい！」

烈火のごとく叱られ、自宅を追い出された。

半べそで辿り着いた墓地下の公園からは、賑やかな笑い声が聞こえてきた。夕方を過ぎても、中学生がたむろしていることは稀にある。だが楽しげに遊ぶ声は、もっと幼い子どもたちの声だ。

こんな暗くなって？　と不思議に思う反面、誰かが公園にいてくれるのは心強かった。さっさと鍵を見つけようと、急いで角を曲がったが――、
公園には誰もいなかった。

背筋が凍るとはこういう瞬間かと、踵を返して自宅へと戻った。

帰宅後、「鍵をなくしたバカ娘」と母に落とされた雷は、見えない子どもたちよりも恐怖だった。

東京ドーム約五個分の広大な敷地を誇る青山霊園の中心には、都道と区道の自動車道が十字に走っている。緑豊かなスポットで春には見事な桜の名所となる霊園一帯は、墓参客のみならず近隣住民の憩いの場として親しまれている。

幼少時のアキコさんも、週末になると家族でよく墓地を訪れたという。

愛犬の散歩、そして何より忘れられないのは「自転車の練習」の思い出だ。

誕生日に買ってもらった、当時女児に大人気だったピンクの「マリちゃん自転車」。当初は補助輪付きで乗っていたが、小学校に上がる前になんとか外して二輪で乗りたいと、週末父親と一緒に、散歩がてら墓地周辺の道路で練習を重ねていた。

「離さないでね。ちゃんと押さえていてね」

「分かった分かった。しっかり押さえているよ」

その日も自転車の荷台を父親に支えてもらいながら、補助輪を外した状態で練習をしていたアキコさん。

「お父さん、離しちゃイヤよ。離さないでね」

「大丈夫、大丈夫」

父親の声が遠くに聞こえた。これは絶対手を離している。だがおかしい。誰かが自転車の荷台を押さえているような気配は、ペダルを踏むたびにいまだ感じられる。

確かめようと振り返った先に、自転車から遥かに距離を置いた場所を、呑気に歩く父親がいた。

そして続けて視界の端に入った、とあるものの姿に度肝を抜かれ、アキコさんは自転車ごと激しく転倒した。

起き上がって確認すると、アキコさんを驚かせた、荷台を押さえていた真っ白な肌をした肘から先のみの女性らしき二本の腕は、既に跡形もなく消えていた。


マサエさんの遠縁に当たるU家のお墓が、青山霊園にあるという。U家を守るべき長男のYは、親戚内でも大変評判の悪い男であった。酒にギャンブル、女遊びと、湯水のように財産を食い潰し、友人知人親戚縁者に可能な限りの借金を繰り返していた。

マサエさん宅にも何度か金を無心する電話が掛かってきたが、マサエさんの御両親が頑として断っていたため、しつこくされることはなかったのだが——。

ある日、いつもとは違った用件の電話がYから掛かってきた。

「墓がない。うちの墓がなくなった。誰かに売られたに違いない」

両親が他界して以降まったく見向きもしていなかった先祖の墓に、Yはどういった風の吹き回しか、墓参りに出掛けたらしい。

自分たちの直系の先祖のお墓は別の墓苑にあったが、青山霊園の近くに住んでいたマサエさん一家が、U家のお墓の区画番号を控えていたのでそれを伝えた。しばらくして、再び電話が掛かってきたが、

「見つからない！　おまえらが高値で売り飛ばしたんだろう！」

などと、とんでもない言いがかりを付けられた。

あまりにもYが自分の家のお墓を蔑ろにするものだから、マサエさんの両親がごくたまにではあったがお墓を掃除しに行っていた。両親が高齢になったこともあり、近年ではマサエさんも手伝っていたので、

「そこまで言うんなら私が一緒に行くわ。ちゃんとあったらどうしてくれる」

と、後日墓参りに同行して確かめることにした。

そして約束の日、U家のお墓はいとも簡単に見つかった。

「あんたが全然墓参りに来ないから、御先祖様が怒って隠れていたんじゃない？」

何故、前回はあんなに探しても見つからなかったのかと首をひねるYを、マサエさんは

冗談めかしてからかった。

もう何年もの間寄り付かなかったくせに、どうして急に墓参りしようとしたのか尋ねると、「自分の金運のなさは、先祖のお参りをちゃんとしていないせいだと、占い師に言われたから」と、Yは言う。

結局理由はお金かと呆れたが、ブツブツ言いながらもお墓の周辺の雑草を抜き、用意してきた墓花をお供えして、両手を合わせ長い時間目を閉じるYを、マサエさんは黙って見守っていた。

季節は冬。桜の時期はまだまだ先だなぁと、しばし視線を墓地の木々に移した直後、

「あぁ？」

気の抜けたようなYの声が聞こえてきた。

どうかしたのかとマサエさんが振り返ると、拝み終えた様子のYが、唖然とした顔で指さした先には――、
供えたばかりの満開だったはずの墓花が、首が折れたようにぐったりとしおれ、鮮やかな花の色は赤黒く変わり果てていたという。

栃木の怪　其ノ壱　湖畔にて

東京で生まれ育った私が、結婚を機に栃木県に移り住んで早二十年ほどになる。

先に記した実家近くの墓苑「青山霊園」には、数多くの偉人、文化芸能の有名人が眠っているが、その中のひとりに、栃木に縁の深いとある人物がいる。

一九〇三年（明治三十六年）、日光・華厳《けごん》の滝に身を投げ、命を絶った藤村操《ふじむらみさお》――。

彼が埋葬されている名家・藤村家の墓所の脇には、自殺現場近くの樹を削って書き残した遺書「巌頭之感《がんとうのかん》」が刻まれた「藤村操君絶命辞」の石碑が建てられている。

現在の東大の前身となる旧制一高のエリート学生の自死は、当時センセーショナルに報道され、彼に追随し滝から投身自殺を図る者が続出し、日本三名瀑《ばく》のひとつでもある勇壮な姿を誇る華厳の滝は、「自殺の名所」などという不名誉な呼び名を付けられるようになってしまった。

その華厳の滝の水源となるのが、栃木県最大の湖・中禅寺湖である。日本百景にも選定されている風光明媚なこの湖でも、実は華厳の滝同様に自殺者が多く出ている。

「滝に飛び込もうとしたものの、滝口にまで辿り着けなかったり、高さにビビっちゃったりした人たちが湖に流れてきちゃうのかもね」

そう語ってくれたのは、同地で三代に亘って観光業に従事する岡部氏である。

湖畔の樹木を使った首吊り、人目に付かない場所での練炭自殺、そして湖への入水《じゅすい》。湖に臨む岡部氏の自宅兼店舗の二階から、彼自身も湖に浮かんだ入水者の遺体を発見し、通報したことが幾度かあった。

湖であろうと、風が吹けば波は立つ。そこに地形も加わって、波に運ばれた水死体がよく流れ着く、現地の人々が陰で「死人岩《しびといわ》」と呼ぶ岩の近くに自宅が位置していたから、そんな嬉しくもない経験を何度もする羽目になったのかもと岡部氏は言う。

湖の上に人魂が踊っていた。深夜の湖畔に赤いワンピース姿の女が現れ笑いながら消えたなどなど、氏が耳にしてきた地元での怪異は数多い。

ここでは岡部氏と、彼に近しい人々が体験した話を、幾つか綴らせていただく。

※　※　※

小学生時代の岡部氏は、ある夜近所の仲間を集めて肝試しに出掛けた。湖沿いを歩いて、シーズンオフで閉鎖中のキャンプ場を一周して戻ってくるだけの簡単なルートであったが、街灯のない真っ暗な道を懐中電灯ひとつで進んでいくのは、なかなかのスリルがあった。目的地のキャンプ場に着き、周囲の茂みにライトを向けた。光の中に映し出された立て看板の、

『もう一度、死んだつもりで考え直そう』

という、命を絶とうと湖に訪れた者に向けられたメッセージが、ここが自殺の多発地帯であることを岡部少年らに思い出させ、背筋を凍らせた。

一気に怖気づき、早々に引き返そうと来た道を戻り始める。叫び声を上げたり、走りだしたりしてしまったら、更に恐怖に煽られるような気がして、仲間もみんなただ無言で足を動かし続けた。すると――、

ゴォーン、ゴォーンという、鐘の音にも似た金属を叩くような音が遠くから聞こえてきた。

「これあれじゃないか？　ガードレールを叩いている音なんじゃ……」

仲間のひとりが口を開いた。確かにそれは、雨が止んだ登下校時に、道路脇のガードレールを傘で叩いて奏でる音によく似ていた。でもいったい、誰が叩いているんだ？

「あれ？　タケシは!?」

肝試しについてきた仲間の弟、タケシの姿が見当たらない。まだ小学校に上がったばかりの幼いタケシ。そんな彼を置き去りにして逃げてきてしまったのかと愕然とするが、

「タケシ、タケシなのか？」

ゴォーン、ゴォーンと近づいてくる音を立てているのは、タケシかもしれないと名前を呼んだ。

「何やってんだよ。遊んでいないで早く来いよ」

暗闇に向かって呼び掛けるが、返事はない。ここまでの道中、一番怖がり怯えていたのはタケシだ。懐中電灯を手にしていないタケシが、真っ暗な道をひとりで呑気にガードレールを叩きながら歩いてくるだろうか。泣き叫んで、追いかけてくるのではないか。

だとすると、この音は誰が？

ゴォーン、ゴォーンの音色は、徐々に鳴る間隔が短くなり、更に接近しているかに思え

た。その上、
ビチャッ、ビチャッ、ビチャッ
と、濡れた何かが地面に叩きつけられるような音が、金属音に重なって聞こえてきた。
――何かが、近づいてくる。
「うわぁぁぁぁぁ」
思わず声を上げ駆け出したのは、岡部少年だけではなかった。仲間の脳裏にも浮かんだのだろう。全身ずぶ濡れの何者かが、自分たちのあとを追ってくる姿が。
ゴン、ゴン、ゴン、ゴンッ
ビチャ、ビチャ、ビチャ、ビチャッ
全速力で駆ける背後から、二つの怪音もスピードを上げて距離を狭《せば》めてくる。恐怖の余り、その瞬間は置いてきてしまったタケシのことは頭から消えていた。追いつかれたらおしまいだ。その思いだけが、足を動かしていた。
「お兄ちゃん！」
数百メートルほど疾走し、息も絶え絶えになったところでようやく辿り着いた街灯の下に、驚いたことにタケシがいた。

「おまえ、いつ俺たちを追い抜いたんだよ」

無我夢中で走って気づかなかったのだろうかと尋ねると、タケシはべそをかきながら首を振って否定する。

「違う。追い抜いてなんかいない」

タケシによると、キャンプ場に置き去りにされ真っ暗で動けずにいたところ、暗がりから妙な音が聞こえてきた。それは、岡部少年らが聞いた金属音や濡れた足音のようなものではなく、

「ギィィイっていう、イヤな音」

と、幼いタケシは表現した。

目を閉じ、耳を塞ぎ、その場にしゃがみこんで、兄たちが戻ってきてくれることを祈り続けていると、

「いつの間にか、ここにいた」

ふと目を開けると、旅館や店舗が並ぶ開けた場所にいたのだという。

気が付けば、彼らを追っていた二つの異音も既に聞こえなくなっていた。

後年この日の出来事が、仲間同士の会話で話題に上がった。結局あの音は何だったんだ

ろうとなった際、中学生になっていたタケシが、

「俺が聞いた音は、釘を抜く音だったかもしれない」

などと言い出した。木板に打ち込まれた長い釘を、釘抜きでゆっくり引き抜くような、そんな音だと――。

彼らが肝試しに出掛けたキャンプ場の近くの沼地は、明治・大正頃の古い地図には「焼き場」と表示されていた場所だった。岡部氏の祖父母によれば、その場所では滝周辺や湖で見つかったものの、身元不明のまま引き取られることのなかった自殺者の亡骸が茶毘《だび》に付されていたのだという。遺体は木桶に入れられて、当時の人足によって背負われ運ばれていた。

その木桶の、蓋代わりに打ち付けられていた木の板を剥がす音が、皆に置き去りにされた夜、タケシが耳にした音かもしれないというのだ。

「真相は分からないけれど、肝試しまがいのことはあの日以来、一切やっていないよ」

それほど衝撃的な出来事だったと、岡部氏は回顧する。

※　※　※

現世で結ばれることが叶わないのなら、せめてあの世で。

愛する二人が、究極の愛の形として選ぶ死出の旅。

心中、若《も》しくは情死と呼ばれるこの自死の手段は、劇作家・近松門左衛門が実際にあった事件を元にして書き上げた浄瑠璃作品「曽根崎心中」が一七〇三年（元禄十六年）に上演され大ヒットして以来、全国で多発した。一九四八年（昭和二十三年）に、文豪・太宰治が玉川上水に愛人と入水した心中事件も広く世に知られている。

中禅寺湖を、その舞台に選ぶ二人も多くいた。

岡部氏が、かつて湖畔で釣り宿を営んでいた知人Aさんから伝え聞いた話だ。

A家の宿では、心中しようと湖を訪れた男女を保護したことが数度あった。いざ入水したものの、あまりの水の冷たさに岸に引き返しさまよっていた彼らに声を掛け、温かい食事と寝床を用意して、警察や迎えの親族が来るまで面倒を見ていたのだという。

その際に決まって使われたのは、彼らが目を離した隙に逃げ出したり再び湖に飛び込んだりしないよう、監視しやすい位置にある宿の二階のひと部屋であった。

（今日は、訳アリの客が泊まっているな）

希死念慮《きしねんりょ》に囚われた人物が保護された際は、ピリピリとした雰囲気がその部屋を中心に宿全体を覆っているのが、まだ子どもだったAさんにも分かった。

ある日の朝のこと。Aさんが起床すると、例の部屋からそんな雰囲気が漂っている。昨夜の段階では空き室だったはずの部屋が、朝になって使われていたのと、両親を始め従業員がひそひそと会話を交わしながら、その部屋を気にかけていることからもそれは推測された。

恐らく時間を置かぬうちに、駐在さんやら家族やらが訪れることだろう。いったいどんな人たちが、自らの意志で死を選ぼうとしたのか、なんとかひと目でもその姿を見てみたい。

好奇心に駆られたA少年が、こっそり様子を窺っていたところ、想像とは違った騒ぎが起こった。

保護していた若い男女が消えた。

表向きは、騒ぎになることを恐れて無言で出て行ったのだろうとされたが、宿の人間のみが知っていた事実があった。

夜明け間近、湖畔から救助した男女を乾いた服に着替えさせ、暖かい布団で休ませて、部屋の出入りはしっかりと見守っていたはずなのに――。

ぐっしょりと濡れて氷のように冷たくなった布団を残して、二人は文字どおり煙のように消えたのだ。

その日の前後、湖で心中も単身の入水者の遺体も発見の報告はなかった。

「余計なもん、連れてきちまったのかなぁ」

そうぼやく父親の姿を、Aさんは深く記憶しているという。

最大水深一六三メートルの、日本で七番目の深さを持つ湖・中禅寺湖。

水底で、今でも眠る恋人たちがいるのかもしれない。

※　※　※

海抜高度一二六九メートルの高地に位置する中禅寺湖周辺の奥日光は、八月の平均気温が二十二度と、真夏でも快適な気候に恵まれる避暑地である。

明治中頃から昭和初期にかけて、欧米各国の実業家や外交官、大使館の別荘が、湖畔に次々と建設され、一帯は国際避暑地として大いに賑わいを見せていた。

昭和の初め、湖を訪れる裕福な外国人が利用するリムジンの運転手を生業《なりわい》としていた男性の体験談を、岡部氏から聞かせていただいた。

ある夏の夕暮れ。彼のリムジンに、ひと組の外国人夫婦が乗車した。目的地である別荘は、車両進入禁止の細い道を進んだ岸辺に建っている。小道手前にある駐車場に車を停めると、運転手の男性は既に視界が怪しくなった客の足元を、提灯《ちょうちん》で照らしながら別荘まで送り届けた。

所用を済ませ、帰りはひとり、提灯を手にして来た道を戻る。山の天気は変わりやすい。空気の匂いが変わったなと思えば、いつの間にか外は小雨が降りだしていた。

小走りで進むには、足場の悪い砂利道だった。仕方がない、濡れていこうと小石を踏みしめ歩く。

ふと、ひとりのはずの帰り道に、人の気配を感じた。誰かが自分の左隣を歩いている。提灯で照らした足先の、光と闇の境界線辺りに、女性ものの草履《ぞうり》が歩を進めているのが見て取れた。

この時点で男性は、隣を歩いているのが生きている人間ではないと判断した。どんなに軽い女性だろうと、この砂利道をまったく音を立てずに進めるはずがない。

立ち止まることはせず、視線だけを横に送り、草履の主の姿を確かめる。

番傘をさした、白い着物姿の女性が音もなく歩いている。うつむき加減の視線は何を見つめているのか、感情の読めない白い顔に、心当たりはなかった。時折彼女の身体が透けて見えるのは、頼りない提灯の明かりのせいだと心に言い聞かせたが、どう考えようとも、隣を歩く彼女からは生気というものが一切感じられなかった。

すぐさま走って逃げ出さなかったのは、足がすくんでしまったのと、女性が手にしていた傘に理由があった。傘は男性を雨から守るように、左半身を覆う角度でさしかけられており、そこに女性の優しさと気配りを感じたからであった。

されるがままに、女性と並進しつつ駐車場に辿り着いた。

この先女性はどうするのか。車に乗り込むつもりだろうか。閉鎖された空間で二人きりはさすがに辛いなと不安を感じながら、運転先のドアに手を掛けたところで背後を見やると――、

女性の姿はどこにも見られなかった。

傘で守られていたはずの左肩は、雨でしっとりと濡れていた。

まるで一枚の絵のような、美しい怪談に聞こえたのは私だけではあるまい。

現在、湖の東岸に整備された国立公園では、旧イギリス大使館とイタリア大使館の別荘が復元され、資料館として一般公開されている。

是非同地を訪れて、中禅寺湖の絶景を堪能していただくとともに、この絵画のような一話を思い出してもらえれば幸いである。

栃木の怪　其ノ弐　石を抱く

栃木にまつわる話を続けよう。

栃木県中央東寄りに位置するT町は、県内でも有数の米どころである。平成から令和の皇位継承儀式「大嘗祭《だいじょうさい》」においては、同町産のブランド米「とちぎの星」が献上米に選出されたことも記憶に新しい。

町の指定史跡のひとつに、「おだきさん」と呼ばれる湧水池《ゆうすいち》（地下水が自然に地表に湧きでた池）がある。池の名前にしては珍しい名称であるが、その由来は、地元で語り継がれる民話に基づいている。

奉公先の庄屋の息子に恋をした「おだき」という名の娘が、叶うことのなかった身分違いの恋を嘆き、湧き水の泉に身を投げ命を落として以来、その泉は水が枯れることなく、現代に至るまで周辺の田圃を潤している。娘の悲恋の最期を憐れんだ村人たちによって、以降その泉は「おだきさん」と呼ばれるようになった。

栃木県在住の山口氏一家が墓参りに向かう車中で、この民話を学校で聞く機会のあった小学生の息子さんが、皆に披露した。すると、

「いや、『おだき』は名前じゃねぇよ」

車の後部座席、息子さんと並んで座っていた山口氏の老いた父親が反論した。

「でっかい石を抱いてな、水に飛び込んだんだよ。浮かんでこないようにな。だから『おだき』だ」

父親の実家はその昔、「おだきさん」の湧水池付近の土地を持つ裕福な農家であった。

彼が子どもの頃、近隣に住む娘が恋愛関係のもつれに悩み、入水自殺を図った。その場所は「おだきさん」の池ではなく、そこから少々離れた場所を流れる川に架かった橋のたもとであったという。

山口家の先祖が眠る寺の墓所へ行くには、その橋を通過する。

「ここだよ。ここで飛び込んだんだ」

父親の言葉に窓の外を見れば、言われなくては気づかないような、川幅も深さもない小さな川が橋の下を流れていた。

そんな話は、山口氏にはまったくの初耳だった。しかし父親が子どもの頃と言えば、昭和二十年代である。「おだきさん」の民話は、もっと古い時代の話のはずだ。恐らく近所で起きた実際の事故と昔話を、父親は混同しているのではないだろうか。若しくは孫を怖がらせようとした作り話か。当初山口氏はそのように考えていた。

しかしそれ以降、春と秋の彼岸に盆、墓参りでその橋を通るたびに、父親はその話題を持ち出すようになった。

「相手は、かみさんも子どももいる男だったそうでな」

「腹に赤ん坊がいたのが、死んでから分かってな」

父親の話は、小学生の息子に聞かせるのはどうかという内容になっていく。更に、

「着物の袖にも、ぎゅうぎゅうに石が詰められていてな」

「抱きかかえた石を離すまいと、爪には血が滲んでいてな」

「川の水が痺れる程冷たくてな。そのせいで白い肌が冷えて、もっと青白くなってなぁ」

見たはずもないであろうことを、まるでその場所にいてすべてを目撃したかのように、何度も同じことを語ってくる。

「いい加減にしろよ！」

ある日の墓参りの往路で、繰り返される悪趣味な言葉の数々に、山口氏は思わず父親を強く叱責した。すると、

「お父さん！　車止めて！」

叫ぶ息子の声に振り返ると、後部座席の父親の足元に、小さな水たまりができていた。

参った。失禁か。

墓参りは取り止め、急きょ自宅にUターンをした。そして「着替えてくる」と言い残し父親が自室にこもると、山口氏の元に息子が不安げな顔でやってきて、こう告げた。

「おじいちゃん、おもらしなんかしていないよ。いきなり、足元から水が湧いたんだよ。あの橋を通った直後に」

以降父親は、墓参りの際「おまえらだけで行けや」と同行を断るようになった。

そして二度と「おだきさん」についてては触れぬまま、鬼籍に入ったという。

栃木の怪　其ノ参　忠告

群馬との県境にある鬼怒沼を水源とし、栃木県内を北から南に流れ、茨城県で利根川と合流する一級河川「鬼怒川《きぬがわ》」。

観光地として人気の鬼怒川温泉では、火山岩と川の流れが作り出した勇壮な渓谷美が見どころであるが、中禅寺湖を源泉とする大谷川《だいやがわ》と鬼怒川が合流する日光市の平野部からは、川幅も広くなり穏やかで雄大な景色に変わる。

とはいえ一説によれば、古くは毛野川《けのがわ》（かつて栃木・群馬は毛野国《けのくに》と呼ばれていた）、衣川《きぬがわ》、絹川《きぬがわ》と記されていたが、幾度も川が氾濫し多くの被害が出ていた過去から、「鬼が怒る川」の字が使われるようになった鬼怒川。その水害の歴史を辿ると、被災した市街の多くが、普段は緩やかな流れの下流の平野部であったことが分かる。

栃木県中央平野部の鬼怒川河川敷には、遊具や運動場などを備えた広大な敷地を持つ公園が点在しており、週末ともなれば家族連れで賑わいを見せている。

栃木在住の星野さんも、愛犬の散歩のために、河川敷の公園をよく訪れていた。

二〇一五年（平成二十七年）九月、台風の影響で発生した関東・東北豪雨によって増水した鬼怒川は、茨城県常総市付近で越水《えっすい》、破堤《はてい》を引き起こし、死者負傷者を多数出す甚大な被害をもたらした。

鬼怒川の溢水《いっすい》によって、星野さんと愛犬の散歩コースであった公園も、近隣一帯同様に浸水害に見舞われた。

災害警報が解除され、田畑や道路の水が引くのを待って、数日ぶりに星野さんが公園を訪れた際――、
まだあちこちに大きな水たまりを残した早朝の公園には、いつもなら行き交う顔見知りの愛犬家仲間の姿は、誰も見当たらない。

そこへいきなり、普段は大人しい老齢の愛犬が激しく吠えだした。何に向かって吠えているのかと、愛犬の視線の先を追うと、川べりの芝生の部分に細長い銀色の何かが点々と落ちている。愛犬を宥めつつ近づいてみると、増水によって打ち上げられたのだろうか、それは数匹の魚、恐らく鬼怒川に生息する鯉だった。背中の部分は黒く、朝日を浴びた白

い腹が銀色に見えたのだ。

どうしてあげるのがいいのだろう。

星野さんは悩んだ。川に返してあげた方がいいのだろうが、体長三十センチほどの鯉に素手で触れるのには勇気がいった。既にぴくりとも動かない個体もいる。

だがふと視界に入った一匹が、尾びれをヒクヒクとさせたかと思うと、口をパクパクと動かしているのに気が付いた。

生きている。せめてあいつだけでも、川に戻してあげよう。

地面に横たわる鯉と、距離を縮めていくと、

「……」

鯉の方向から、何やら音が聞こえてきた。目を凝らし、耳を澄ます。

「……に・げ・ろ」

三つの音が言葉となって、パクパクする鯉の口から発せられた。

「に・げ・ろ」

聞き間違いではない。目の前の鯉が、「逃げろ」と警告を発している。

声に従ったわけではなく、魚に人語で話しかけられたという恐怖に、星野さんは愛犬を

抱き上げ、すぐさまその場から走り去った。

成人男性の声だった。だが、まったく心当たりのない声音であった。

翌朝の散歩時、怖いもの見たさで喋る魚が打ち上げられていた場所を通ってみた。濡れた芝生はとうに乾いており、鳥にでも持ち去られたか公園の管理者が処分したのか、魚は一匹も見当たらなかった。

「その鯉が、これから起きる水害を予言して、星野さんに教えてくれたんじゃないですかね？」

体験談を聞き終え、私なりの感想を述べると、

「なるほど、未来への忠告って可能性もあるね。でも自分が思うに……」

栃木県内の鬼怒川河川敷では、県民の記憶から消すことのできない陰惨な事件が、過去に幾つか起きている。

未成年少年三人に車で追い回された挙げ句轢殺《れきさつ》された、河川敷で路上生活をしていた男性。

販売を目的にブリーダーから引き取られたものの、輸送中に死んでしまったからといって、無情にもそのまま河川敷に投げ捨てられた多数の小型犬。

彼らの無念が魚に宿り、「逃げろ」と伝えてきたのではないだろうかと星野さんは考察した。

「それだけ理不尽なことが、現代社会には多すぎるよね」

定年を迎え、余生を愛犬とともに暮らす星野さんが、そんな風に悲しげに語る姿が、なんとも切なく感じられた取材の一場面であった。

一抹の不安

「子どもの頃ね、公園でよくアレに登って遊んだんだよ」

日常生活でよく目にするにもかかわらず、その正式名称を認識していない物は数多く存在する。

パンの袋の留め具はバッグクロージャー、視力検査のCはランドルト環、ミカンの白い筋はアルベド、などなど。

旧知の間柄である大嶋君が話す、「アレ」とは何かと詳しく尋ねてみると、それは遊具の類ではなく、高低差のある崖や斜面の崩壊を防ぐために、コンクリートやブロックなどで覆った壁のことだという。住宅地や山間部の道路脇などで見かけるあの壁を、なんと称するのかと調べたところ、「擁壁《ようへき》」の名前を知るに至った。

小学校低学年の頃の大嶋君は、自宅近くに同級生がいなかったため、近所の公園でひとりで遊ぶ時間が多かった。一時期彼は、ジャングルジムや登り棒などの遊具ではなく、公園を囲む擁壁を登ることにハマっていた。ブロックを斜めにはめ込み積み上げた施工方法(これは「谷積み」と呼ぶらしい)で造られた公園の擁壁は、ほぼ垂直に近い斜面であったが、ブロック表面の絶妙な凹凸が、大嶋少年のチャレンジ精神を煽ってくる。最近の言葉でいうならボルダリングの要領で、全身と頭を使ってブロックの壁を登っていく。

昨日より高く。更に上を目指して。黙々と擁壁登りを繰り返す日々。

ある日その高さは、三メートル近くまで達した。

あとわずかで、壁の頂上を制覇できる。

そう確信し、右手を伸ばした瞬間、ブロックに掛けていた左足が滑った。バランスを崩し、左手も壁から離れ、頼みの右手は頂上に届かぬまま虚空を掴み、そのまま大嶋少年の身体は地面に向かって背中から落下を始めた。

視界一面に空が広がった刹那、

(あ、死ぬな)

人生の終焉を予感した。

このまま落ちれば、頭や背中を強打するだろう。恐らくそれは、死に至るほどの大怪我

に繋がるのではないかと、衝撃に備え、大嶋少年が両目をギュッと閉じたと同時に――、

（あれ？）

周囲の空気に違和感を覚え目を開けると、どういうわけか両手足はがっしり、擁壁にしがみついている状態だった。

確かに落ちたはずなのに。

空《くう》を舞ったはずなのに。

まるで時間が巻き戻ったような現象に、大嶋少年は自分の身に何が起きたのか、しばし呆気に取られたが、その後何事もなかったように壁から下り、帰宅したという。

「凄いじゃん。タイムリープしたってことでしょう？」

ビデオ会議ツールを利用して、大嶋君からこの話を聞いた際、まるで映画や漫画の登場人物のような体験をした彼を、猛烈に羨ましく感じてつい声を弾ませたが、

「でもさ」

興奮する私とは反対に、モニターの向こうの彼は、真剣な面持ちで口を開いた。

「たまにふと考えちゃうんだよね。本当の俺は、あのとき大怪我を負って、今も意識不明のまま眠り続けているんじゃないかって」

冗談には聞こえないトーンで、彼は続ける。

「俺が今生きているこの人生は全部、その眠ったままの俺が見ている夢なのかもしれないなって」

料理上手な奥様と優秀な御子息との幸せな家庭を築き、仕事に趣味に充実した毎日を過ごす順風満帆な人生。それがすべて、「夢」なのではと語る大嶋君。

だとしたら、彼の体験した怪異を綴るこの私も、彼の夢の中で生きるのみの存在なのか？

一抹の不安を頭の片隅に残しながら、この文章を打ち込んでいる。

孝行娘

「もっちりニットって分かります？」

知人の姪御さんの体験談を伺うに当たり、出てきた単語「もっちりニット」。

数年ほど前から、トレーナーやパーカーなどで使われているのをよく見かけるようになった、滑らかで若干光沢のある手触りのよい素材。大福の求肥《ぎゅうひ》を思い起こすもちもちとした見た目を、「もっちりニット」の呼称からすぐに思い浮かべた。

実際の素材名としては、「段ボールニット」と呼ぶようである。表面と裏面の二枚の布を、段ボールと同じ構造で空層を作るようにつなぎ合わせたニット生地で、元来スポーツウェアに多く使われていたが、その保温性や軽さ、動きやすさから、近年では様々なファッションアイテムに取り入れられている。

知人の姪御さん・和佳奈さんも、もっちりニットのパーカーを愛用していた。春色のべビーピンクの一着がお気に入りだった。

大学進学をきっかけに、ひとり暮らしを始めた和佳奈さん。

ワンルームの部屋は、オートロック付きのマンション三階の女性専用フロアに位置し、防犯面でも安心の部屋をと御両親とともに時間を掛けて選んだ物件であった。居室へ入った正面に掃き出し窓があり、その窓枠には洗濯物の部屋干し用のポールが設置されていた。窓の上部に取り付けられたエアコンの風を利用して、乾燥時間を短縮できるようにとの配慮であろう。

ある休日、洗濯機を回した和佳奈さんは、もっちりパーカーを他の洗濯物と並べて、部屋干し用のポールに干し終えた。春色もっちりパーカーは、ポールの一番左端に吊り下げられていた。

その日は気持ちの良い快晴で、窓から差し込む陽射しのおかげで、日中外出をして夜に帰宅すると、パーカーを含め洗濯物はすべてすっきり乾いていた。しっかりとした生地でありながら乾きが早いのも、もっちりニットの長所である。

これでいつでも着ていけるなと、袖の部分を手に取り肌触りのよさを再確認していると
——、

ハンガーにかけたままのパーカーの左肩の部分に、異変が起きた。

滑らかなもっちりとした生地の表面に、ゆっくりと「ある形状」が浮かび上がっていく。

五百円玉より若干大きい、波が打ったような円形の染みとへこみ。

あぶり出しのように浮かんだそれは、和佳奈さんの目の前で、ゆっくりと消えていった。

その間わずか数秒。

目にした形には見覚えがあった。和佳奈さんが好んで読んでいたBL漫画に、よく出てきた描写であった。

歯の噛み跡だ。

試しにもっちりパーカーの腕の部分を、自分で噛んでみた。先ほどの噛み跡より少々小さい円が付くには付いたが、跡が付くほど噛むためには生地が引きつるほどの力を要することが分かった。

でも消えた噛み跡は、生地のよれなど一切なくいきなり現れ、そして消えていったという。知人曰く、

「姪っ子の部屋の室内用の物干しね、引っ越し当時からちょっと変だったんだって」

もっちりパーカーを干していたポールの左端部分。そこに洗濯物をかけていると、時折

何故か不自然に揺れていることが多々あったのだそうだ。エアコンを作動していなくても、窓を開けていなくてもだ。

「隙間風だろうって余り気にしていなかったらしいんだけれど、さすがに歯形はねぇ」

突如現れた歯形や揺れる洗濯物の件を聞いた和佳奈さんの御両親は、彼女に引っ越しを勧めたが、

「お金がもったいない。ストーカーとか変質者とか、人的被害が出た場合はお願いします」

と、結局和佳奈さんはその部屋に住み続けて三年。来春迎える大学卒業後は、地元での就職を予定しているとのこと。

「よくできた姪っ子でしょ？」

知人の言葉に、大きく頷かせていただいた。

撫でる女

恐怖体験に遭遇した際、人はどんな反応を示すのか。

絶叫し逃げ出すか、声も出せずに腰を抜かすか、前出の和佳奈さんのように「気にしないでやり過ごす」人もいるだろう。待ちに待った体験だと狂喜乱舞する人も——。

心霊現象発生時に際しての対処法の違いが、興味深かった話の幾つかを、続けてお届けしたい。


かれこれ三十年ほど前の昭和の頃、先の話にも登場した大嶋君の、学生時代の体験談だ。

大嶋君の御実家は都内山の手にあったが、ひとり暮らしに憧れて、東京都下の大学に通うために大学沿線の学生街にマンションを借りた。親の目が届かないのをいいことに、バイトにサークル、夜遊びと、仲間たちと自由気ままに日々を過ごしたという。

夏休みに入って免許を取得すると、深夜のドライブに夜ごと興じ、「幽霊ツアー」などと称して車で心霊スポットをあちこち巡った。ネットもナビもない時代である。幽霊が出没するという噂の場所に辿り着くためには、先輩や友人からの情報だけが頼りであった。

鎌倉の幽霊トンネル、鶴川のお化けマンション、津久井湖に架かる三井大橋。大学からほど近い、東京・町田市や神奈川県のスポットが主な探索先であった。現存する場所もあれば、既に取り壊された建造物もある。

それなりの雰囲気は味わうことができたが、どの場所でも特に変わった出来事は起きなかった。それでも仲間とお化け屋敷的ノリで深夜にワイワイと徘徊するのが、若い時分には楽しかったのだと大嶋君は語る。

そんな様子が一変したのは、神奈川県・相模原市にかつてあった廃病院を訪れた際だった。

廃墟への不法侵入。大嶋君曰く、今となってみればなんて馬鹿な真似をと反省しきりだが、若気の至りであったということを明記した上で話を続ける。

何しろ三十年も前の話だ。建物の構造や間取りの記憶はおぼろげだったが、鮮明に覚えている光景があった。真っ暗な廊下の先、懐中電灯が照らした光の輪の中に突然浮かび上がったひとりの男性の姿。身につけた白衣のポケットに両手を入れて、うつむき加減に佇んでいる。

「うぉぅ」

恐怖よりも不意を突かれた驚きで出た声に反応したように、一瞬で男の姿はかき消えたが、五人ほどいた仲間のうち、大嶋君含め三人がその男性を目撃していた。

ついに怪奇現象に遭遇したと盛り上がったが、大嶋君は心の内では半信半疑だったという。

(廃墟を訪ねてくる奴らを驚かしてやろうと、誰かが潜んでいたのかも)

そのとき廃病院には他のグループの姿はなかった上、目の前で男がいきなり消えたにもかかわらず、あくまであれは人為的な現象、若しくは三人そろっての見間違いであると、無理やりにでも思い込もうとしていた。

幽霊ツアーには、当時の大嶋君の愛車・ホンダアコードを使っていた。廃病院をあとにした一行を、仲間それぞれの自宅に送り届けると、大嶋君はひとり車を走らせ、高速道路の高架下に借りていた駐車場に愛車を停めた。すると――、

エンジンを切ったはずなのに、車体が揺れた。地震の揺れとは違う、まるで大柄な誰か

が車内に乗り込んできたような震動だった。

ハッとして顔を上げると、ルームミラーに、いるはずのない同乗者の姿が映り込んでいるのが見えた。

後部座席に座る、髪の長い女。廃病院で見た白衣の男同様、うつむいていて表情は分からない。そしてあの男と同じように、瞬きをした一瞬で、女はふいと姿を消した。

ぞわりと全身の毛という毛が逆立った。一度きりなら目の錯覚だと思い込むことができたが、二度目ともなるとそうはいかない。

廃病院から、連れて帰ってきてしまったのか？　得体の知れない何かを。

そんな風に思い至ってしまうほど、廃病院探索以降奇妙な出来事が、大嶋君の日常に続けて起こった。

ひとり暮らしのマンションの部屋に、「こびと」が現れた。こびとと言っても、おとぎ話の挿絵に描かれているような、頭でっかちにちょこちょこ歩くファンタジー的な見た目ではなく、実際の人間を二十センチほどに縮めたような「小さな人」が、浴室や、キッチン、ベッドの足元など、部屋のあちこちからひょっこり現れる。ひとり部屋で過ごしている際、ガサガサという物音が聞こえた方に視線を向けると、小さな人がひとりのときもあれば、数人、又は集団で何やら話し合いをしていることもあった。視線が合ったと思った瞬間、彼らは蜘蛛の子を散らすように走って逃げて消えていく。街中で見かける、ごく普通の一般人のような普段着の男性のこびとが多かったという。大嶋君によれば、「その後テレビで芸能人とかも『小さなおじさん』の目撃談を話すようになったけれど、自分の方が先だから」

とのことである。

こびとより厄介だったのは、廃病院探索後に初めて体験するようになった「金縛り」であった。ただ身体が動かなくなるだけではなく、少々困った状況でそれは起きた。

部屋の壁際に敷いた布団で眠りに就いていたある夜、大嶋君は得も言われぬ心地よさを夢の中で感じていた。

(あぁ、気持ちいいなぁ。なんでこんなに気持ちいいんだろう)

柔らかな手が、自分の太ももの辺りを優しく撫でている。何度も、何度も。

その余りにリアルな感触に、意識が徐々にクリアになっていく。これは夢じゃない。誰かが自分の太ももを撫でている。

(あれ？　俺、ひとり暮らしだよな。じゃあ撫でているこの手は誰の手なんだ？)

ただならぬ事態に慌てて起き上がろうとしたが、身体はまったく言うことを聞かない。夢心地の気分が恐怖へと変わっていく。

自分は壁に背中を向けている。だが足を撫でている手は、背中側から伸びている。自分と壁の間には、人が座れるようなスペースはないはずなのに。おまけに、しっかりと肌掛け布団にくるまって寝ているのに、謎の手は布団越しにではなく、パジャマの上をじかに撫でている。そんなことが可能なのか？

かろうじて動く目玉だけを駆使して、大胆にも太もものつけ根まで伸びてきた手の持ち主を、この目で見てやろうとしたところ――、

自分の背中にぴったりと寄り添い、正座の姿勢で、こちらをのぞき込むように身を乗り出す女の姿が視界の端に映った。長い髪が邪魔をして顔は見えなかったが、車にいた女だと直感が告げる。

「うわぁっ」

振り絞った声がなんとか喉から出た瞬間、見えない束縛が解かれたように身体が自由になり、女も姿を消していた。

女は夜ごと出没した。

大嶋君の眠りが深くなった頃を狙うようにして、足を擦りに現れる。目的は皆目分からない。不気味で怖いが、微妙に気持ちがいいのも複雑だ。

寝不足が続き、逃げるように実家へ一時避難したが、女は住み慣れた実家の部屋にも現れ、毎夜足を撫で続けた。

この状況を幽霊ツアーの同行者に報告したが、他の誰もそんな被害には遭っていなかった。何故自分だけ？　理不尽さに腹も立ったが、神社や寺に参拝し、お守りを購入しお祓いもお願いしたが、効果はゼロだった。

他力本願ではいけない。自分の力でなんとかしなくては。

そう考えた大嶋君が採った方法は、「精神統一で邪気を吹き飛ばす」であった。

中学生の頃から空手道を志し、心技体を鍛えていた彼にとって、この世ならざる存在にいつまでも悩まされるのは腹の虫が治まらない。

そこで大嶋君は、就寝前に毎夜座禅を組むことにした。心頭滅却。只管打坐《しかんたざ》。心を整え、邪念を消し去った状態で寝床に就く。

その結果、見事悩まされていた事象に打ち勝つことができた。撫でる女も無断乗車してくる女も、部屋の中のこびとも消えた。

「怪奇現象に遭遇したらね、座禅だよ座禅」

空手歴四十年。日本空手協会四段の大嶋君による教えである。

ダンさんの教え

こちらも同世代の友人、かつてバイト仲間であった橋野氏の体験談だ。

彼がアルバイトに精を出していた大学生の頃の出来事なので、前話同様昭和の時代の話になる。

ある時期を境に、撮影された橋野氏の写真に、気になる現象が見られるようになった。

一九八〇年代、まだ携帯電話は一般に普及しておらず、現在ほど誰もが簡単に写真が撮れる状況ではなかったが、その後一九八八年に、富士フイルムから発売された「写ルンです」を筆頭とした「レンズ付きフィルムカメラ」が多く出回ると、若者の間でも手軽に写真を撮り合う機会が増えた。使い捨てのフィルム式カメラであるから、撮影した写真はその場では見られない。規定枚数を取り終えてから写真屋に現像をお願いし、作業が終わってから初めて写真を目にすることができる。

その頃橋野氏は、飲食店で共に働いていたバイト仲間と主につるんでいた。

泊まりがけでキャンプに出掛けた際、仲間が持参した使い捨てカメラで撮影した写真を、焼き増しして配ってくれたことがあった。そのほとんどが、楽しい休日のワンシーンを切り取ったものだったが、橋野氏がひとりで写った写真に気になる一枚があった。

キャンプでの夜、焚き火を囲んで怪談話に盛り上がった場で撮られた写真だ。アウトドア用の折り畳みチェアに座って、楽しそうに笑う自分がいる。だが何か変だ。身体が歪んでいる。というか、首の部分と胸の下辺りの背骨が外れてしまっているかのようにずれている。まるで一段と三段の部分を叩かれた、ダルマ落としの状態だ。

単なる手ぶれだろうと、この段階では思っていた。

忘れた頃に、新たに写真を受け取る機会があった。飲み会で撮られた写真の数々。仲間と一緒の写真には異常は見られなかったが、やはり橋野氏ひとりのショットだけに、おかしなものが写り込んでいる。御機嫌でグラスを掲げる自分の背後の壁から、二本の白い腕らしきものが伸びて、首を絞めようとしている。

さすがに怖くなり、

「これどう思う?」

と、仲間に尋ねると「心霊写真だ」と騒ぐ者もあれば、「タバコの煙が偶然そう見えているだけでしょ」と動じない者もいた。

「そういう話やめて」

怖い話が苦手な女子もいたので、橋野氏も無理にそれ以上話を広げようとはしなかった。

その頃、時折体調を崩して寝込むことが度々あったのも、この件とは無関係だと思い込むように努めた。

最後の一枚は、バイト先の居酒屋で配られた写真であった。

営業が終わり、いつものように全員でまかないを摂っている最中、「この前の写真」と言って回覧されたポケットアルバムの中に、バイト仲間の誰もが目を見張るような一枚が存在していた。

「橋野の後ろの窓、おかしくない？」

「これ、女の顔じゃね？」

休日皆で遊びに出掛けた際、電車内で撮影した写真であった。三人掛けの椅子にひとりで座っている橋野氏。外は夜。電車の窓の左上に、首から上だけの女の顔がうっすらと浮かび上がっている。

周囲には他の仲間も乗客もおらず、生きている人間の姿が窓に反射しているとは考えられない。走行中に撮影した写真であるから、誰かが窓の外から覗くことも不可能なはずだ。薄く開いた口は何かを伝えようとしているのか。じっとりとした視線で橋野氏を見下ろす、見も知らぬ女。

「何だよこれ」

仲間たちは気味悪がり、中には泣きだす女子もいた。

「あーだめだめ。こういうのはね、さっさと処分しちゃわないと」

そう言って橋野氏は、急いでアルバムからその写真を引き抜くと、小さく千切って灰皿に入れ、火を点けて燃やしてしまった。

焼却したことによって、その場を治めようとしたわけではなく、見知らぬ女の首よりも、遥かに皆に気づかれたくないものが、その写真には写っていたからであった。

「みんなどうした？」

なんとも言えない空気が流れる中、声を掛けてきたのは、洗い場にアルバイトで入っているアジア人留学生のダンさんだった。

「心霊写真が撮れちゃったんだよ、ダンさん」

厨房の片付けを終え、あとから合流したダンさんに、仲間のひとりが説明をする。灰皿に残った燃えさしをじっと見ていたダンさんは、

「ハシノさん、だいじょぶ？」

そう尋ねてきた。燃やされた写真に、橋野氏が写っていたとは誰も説明していなかったにもかかわらず。

「なんで分かったの？」

驚き尋ねると、ダンさんは、

「見えた」

と、あり得ない答えを返してくる。

「ここで」

真剣な目をして、人差し指で自分のこめかみ辺りを叩きながら。

「ハシノさん、お腹、透けていたでしょ？　あと、首がなかったでしょ？　だいじょぶ？　身体の調子、悪くない？」

矢継ぎ早に投げ掛けられた質問に、橋野氏は驚愕する。

ダンさんは、他の皆が気が付かなかった、写真の中の橋野氏の異変をずばりと指摘した。

電車の椅子に座った橋野氏は、顔と身体を繋ぐ首の部分が、消しゴムで消したように消え、胸からお腹にかけてはレントゲンのように透けて、肋骨が丸見えになっていたのだ。

「女の人は分からない。でも透けていたの、よくない。悪い奴、ついている」

ダンさんの指摘には心当たりがあった。その頃、自動車免許を取得したばかりの橋野氏は、仲間を乗せて頻繁に心霊スポットを訪れていたからだ。最近続いていた体調不良も、それが原因ではないかとダンさんは言う。

ありがたいことに、ダンさんは取るべき対処法を橋野氏にアドバイスしてくれた。

「カレー食べて。ハシノさん」

スパイスたっぷりのインドカレー、タイやインドネシア、ベトナムなどのエスニック料理、とにかく香辛料を摂取しろと力説するダンさん。

「言われた通りに、食べまくったんだよ」

当時橋野氏が働いていた店は東京・渋谷にあり、近隣には本格的な世界各国のレストランが所在していたため可能な行為であったのだろう。

そんな生活を送るうちに、その後写真を撮る機会があっても、おかしな現象が写り込むことはなくなり、体調も良くなった。

時間が解決したのではないかと、穿った見方もできなくはないが、

「いざとなったら、スパイスだよ。スパイス」

そう熱く語る橋野氏の意見も、是非心に留めておきたい。

そもそも「いざ」となる以前に、心霊スポットなど気軽に訪れなければいいのではとも正直思うが。

換気推奨

奇しくも前出二話は、筆者と同世代の友人による体験談となった。かつて新人類・バブル世代と呼ばれた昭和四十年代生まれの我々は、昭和の終わりから平成にかけて青春時代を過ごした。

前作の単著『実話異聞 貰い火怪談』にも、同年代の友人たちの体験談を数話書き起こさせてもらったが、彼らの多くが共通点として「若気の至りで」と前置きをして、「心霊スポットへ訪れたことをきっかけに起きた出来事」を語ってくれた印象がある。昭和のオカルトブームを経験する世代ゆえのムーブであろうか。

次なる体験者は我々の子ども世代ともいえる、二〇〇〇年生まれのミレニアムベイビーである龍太君。話によれば、彼は生まれてこの方「心霊スポット」などという場所には足を踏み入れたことがなく、周囲の友人・同級生にもそういった行動を取る者は今までいなかったという。

「娯楽の多様化や、若者の車離れとかも原因ですかね。恐らく随分と特殊な趣味かと」

昭和の大学生との違いを、令和の大学生・龍太君はクールに分析する。

だが、心霊スポットに足を運ぶことはなくとも、怪異は彼の元に訪れた。

二〇一九年、大学に入学した龍太君は焼肉屋でバイトを始めた。東京・多摩地区のターミナル駅の繁華街に建つ駅ビルに入っていたその店は、平日は仕事帰りの会社員、休日はファミリー客で賑わう、良質なお肉を手頃な値段で提供する人気店であった。

人当たりが良く、頭の回転も速い龍太君の才能であろう。てきぱきと仕事をこなし、数か月もするとバイトであるにもかかわらず重要な仕事を任されることも多くなった。そのひとつが、店の締め作業だった。

「借りていたアパートが、バイト先の徒歩圏だったから、終電関係なく働けたので頼られたんだと思います」

閉店時間は夜の十一時。そこからレジ締め、片付け、発注、戸締りのすべてを済ませると、日をまたぐのは日常茶飯事であった。深夜にひとり作業を終え、裏口の施錠を確認してからエレベーターを使って四階の店から一階へと下りる。そして、一階に設置された機械にカードキーを入れ、セキュリティをかけることで任務完了となる。

その夜のバイト終わりにも、機械にカードキーを差し込み帰宅しようとした直後――、
ピー、ピー、ピー
けたたましいアラート音が耳をつんざいた。警告の赤いランプが灯っているのは店のある四階だった。セキュリティは、店に設置したモニターが、店内の人影に反応して鳴りだすシステムになっている。ということは侵入者が？

すぐさま警備会社に電話を入れると、モニターの確認をしてくれるという。折り返しの電話を待つ間、ふとエレベーターを見ると、いつの間にか箱は四階に戻っている。

やはり侵入者か。

即通報かと身構えてから、はたと考えた。

カードキーでロックした時点で、エレベーターは四階までの運転を停止する。他の階の美容院や事務所などの営業はとっくに終わり、セキュリティがかけられている状態なので、エレベーター自体が動くはずがないのに、何故箱は四階へ？　機械のバグか？

と、首をひねっていたところにセキュリティ会社から連絡が入った。モニターに怪しい

人影は、一切映っていなかったという。

　万が一を考え、ロックを解除し、エレベーターを一階に呼び、確認しに四階へ戻ったが、店内に異常はなく無人のままであった。

　翌日のシフトで、早速店長に報告をしたが、恐らく機械の不具合だろうと、すぐに話題は切り替えられた。

　店長と龍太君の会話を耳にしていた古株のバイトの女性が、その後彼にこっそり耳打ちをしてきた。

「絶対何かいるよ、この店」

　聞けば数日前から開店準備で早くに店に入ると、いるはずのない人の気配を感じたり、ヒタヒタという足音が聞こえたり、無人のスタッフルームの扉が音もなく開いたり、かと思うといきなり激しく閉まったりする異変が、バイトたちの間で噂になっているという。

「その後も二回ほど、セキュリティが何かに反応して鳴ったことがありました。最初のときと同じように、モニターには何も映ってなくて、機械の異常も見つかりませんでした。あと一度、ドリンクのパントリーに、まったく知らない人が立っていたこともありました」

　背中の曲がりかけた老人だった。社員の偉い人が視察に来ているのかと思ったが、それにしてはスウェットの上下とラフすぎる格好をしていた。「あの人誰だったの？」と周囲に尋ねたが、彼の存在を認識していた者も目撃した者も皆無であったと、龍太君は回想する。

しかし、不安を訴えるバイトに対して店長は、

「ま、ここ四階だからね。そういうことがあっても、おかしくないかもね」

四の数字に理由づけて、片付けようとする始末。

龍太君やバイト仲間はネットで調べたり、地元の噂を辿ったりしてみたが、店がテナントに入ったビルで事故や事件があった過去はなかった。

「オープンの頃から働いているけれど、今までこんなことまったくなかった。何でいきなり」

古株のバイト女性の発言に、後日彼らなりの結論が出た。

店でおかしな現象が出始めた頃と時を同じくして、店内の空調設備に不調が現れていた。焼肉屋において、排煙と換気は非常に重要な事項である。いい機会であるからと、最新の消臭機能を備えた空調への入れ替え工事が施工された。すると、

「ぱったりなくなったんですよ。そういった現象が」

空調の不調で、換気が上手くできていなかったから怪異が現れ、最新設備で空気が綺麗になったことによって、それらは消えた。

「怪奇現象への対策は、換気ですよ、換気」

それが、龍太君らが導き出した答えだという。

御存知のように、その翌年二〇二〇年を迎えると、我が国もコロナ禍の波に飲み込まれていく。度重なる緊急事態宣言の発令、まん延防止等重点措置の期間延長で、経営困難に陥る飲食店が続出する中、最新設備での換気を売りに、同焼肉店は現在でも好調に営業を続けているそうである。

子どもは三人

都内在住の川上さん夫婦は新婚さんである。入籍したのはコロナ禍まっただ中。ゆえに入籍だけ済ませ、式も披露宴も挙げぬまま、ひとつ屋根の下で新生活をスタートさせた。

新婚旅行の代わりにと、GO TOトラベルと名付けられたキャンペーンを利用して、通常なら手の届かないお値段のハイクラスな都内シティホテルを予約した。

チェックインを済ませ、有名建築家のデザインによる見事なメインロビーを写真に収めていたところ、楽しげな子どもの声が聞こえてきた。

振り返ると、同年代にも思えるひと組の若い夫婦が、二人の子どもを連れてエントランスから入ってきた。小綺麗な身なりと優雅な物腰。両親の風貌には、明らかに自分たちとは違う富裕層の雰囲気が漂っている。

二人の子どもたちは、小学生にも満たないであろう幼い兄妹。量販店の子供服とは一味違う、ブランドのアイコンが胸元に刺しゅうされたアメリカントラッドを着こなしてはいるが、楽しそうにはしゃぐ姿は実に子どもらしかった。恐らく彼らも都内に暮らす家族で、コロナ禍で息の詰まる日常から少しでも解放されたくて、週末をホテルで過ごそうと考えたのだろう。

川上さんの奥さん・仁美《ひとみ》さんは、通りすがった四人家族を見てそんな風に思っていた。父と母、そして二人の子どもの四人家族と。しかし、

「子ども三人かぁ。大変そうだけれど、賑やかでいいかもね」

隣にいた御主人が、頬を緩ませそう呟いた。子どもが三人？

「え？　男の子のお兄ちゃんと、小さい妹ちゃんの二人でしょ？」

「あれ？　もうひとり、大きいお兄ちゃんいなかった？」

仁美さんが目にした情報と御主人の認識に、食い違いが生じていた。

「ホント？　じゃあお父さんの陰にでも隠れて、見えなかったのかな」

スポーツマンタイプのお父さんだった。鍛えた身体の向こうに、もうひとりお子さんがいたのかもしれない。確かめようにも、家族は既にレセプションへ向かったのか姿は見えない。

しかし、せっかくのホテル滞在の時間を割いてまで、追いかけて確認するほどでもない。自分の見間違えであろうと、仁美さんは納得することにした。

だが、夕食の時間にホテル内のレストランへと出掛けようとした際、

「あれ？」

先に客室を出た仁美さんの御主人が、とぼけた声を上げた。視線の先は廊下の奥に向けられている。何があるのかと覗いてみると、

「あぁ、あの家族、同じフロアだったんだ」

廊下の奥の部屋の前に、チェックイン時にすれ違ったファミリーがいた。ドアの前でカードキーをどちらが使うかで、幼い兄妹が揉めている。その背後には、彼らを宥める御両親。やはり、四人家族だ。御主人が言っていた、もうひとりのお兄ちゃんの姿はない。

結局妹がごね勝ちして、ドアを解錠したようだった。

「行こうか」

仁美さんが声を掛けても、何が興味をかきたてているのか、御主人は家族四人が客室に入ったあともじっと廊下の先を見つめている。そしていきなり、

「あぁっ!?」

と、息を呑んだかと思うと、仁美さんの手を取り、エレベーターホールへ向かって一直線に歩きだす。

「どうしたの?」

尋ねる仁美さんに、「あとで話す」とだけ告げて。

ディナーのコース料理を前に、御主人が「実は」と話してくれたのは、先ほど彼にしか見えていなかった光景だった。

客室フロアにいた家族。御主人にはやはり三人目のお子さんが見えていた。大人しそうな男の子。カードキーを奪い合う幼い弟と妹を、穏やかな目で見つめていたという。だが――、

「その子だけ部屋に入らなかったんだよ。なんでだろうって不思議だったんだけど」

男の子は、既に閉じられた扉に、吸い込まれるように姿を消したのだと、真剣な目で御主人は訴える。

「何よそれ」「怖いこと言わないでよ」「気のせいに決まっているじゃない」

言いたいことは山ほどあったが、せっかくのご馳走を前に言い争いはしたくない。

「そうなんだぁ」と軽く受け流し、部屋に戻っても終始そわそわビクビクしている御主人

は見て見ぬふりをして、仁美さんはひとりホテルライフを満喫した。

二度あることは三度ある。

翌日チェックアウト後に、ロビーのラウンジでお茶を楽しんでいたところ、仁美さんには四人にしか見えない例の家族が通りかかった。コーヒーカップを手にしていた御主人の身体が硬直したのが分かる。遠ざかっていく家族の姿が、エントランスから消えると、御主人は大きく息をついた。

「お子さん、三人いた？」

レストランでの夕食以降、避けていた話題を敢えて振ってみた。御主人がどんな回答をするか知りたくて。

「うん」

意外にも、笑顔で御主人は答えた。

「あの子は、あんな形でも家族と一緒にいられるのが幸せみたい」

もし自分についてきたらどうしよう、だなんて考えたのは、失礼なことだったと。

「なんていうか、純粋で優しい人間なんですよね。ウチの旦那」

怪異譚を聞いていたはずなのに、嬉しそうに弾んだ声で仁美さんは語る。

見える者にしか見えない少年と、ひと組の家族との繋がりについての考察より、仁美さんにはこれからともに生きる御主人の人となりの方が重要であったようだ。

歪み

長く辛い受験という戦いを乗り越え、花の大学生生活を迎えた梶原君は、入学早々イベント系サークルへの入部を決めた。

テニスにスノボ、キャンプにBBQそして飲み会と、オールラウンドに楽しみ、且つ他大学の生徒とも交流できるインカレと称される、遊びを（そして出会いを）目的としたサークルであった。

夏休みには山奥のロッジを借りて、「合宿」とは名ばかりの泊まりがけの宴会が開催された。飲めや歌えのどんちゃん騒ぎに興じ、夜も更けた頃、お約束のように怪談話が始まった。

その夜、特に話題になったのは、心霊系の写真や動画だ。各自スマホやタブレットでネットに上がった心霊写真や動画を見つけ出しては、

「これ最恐じゃね？」

「いやこれは完全にやらせでしょ」

などと、互いに批評し合いながら、皆で盛り上がっていた。

だがそんな中で、A子という女子だけは、どんな画像や映像を見せても、

「え？　どこに映っている？」

「女の人？　どれが？」

と、すべてにとぼけたコメントを返してくる。

ピンポイントで「ここだよ」と指をさして教えても、「うーん、言われて見れば？　でもよく分かんないなぁ」と、首をひねるばかり。

わざとそんな風に振る舞って、注目を集めようとする姑息なタイプには見えない。どちらかといえば地味で、大人しそうな女子である。

怖い話が苦手で、映り込んだ「霊」的なものを無意識のうちに認識しないようにしているのかも。当初梶原君はそんな風に考えたが、

「この人、なんか歪んで見えるね」

仲間が開いていたスマホの画像を一緒に覗いていたA子が、そう呟いた。

それは心霊写真の類ではなく、サークルメンバーが閲覧していた、知り合いの女子大生のSNSに上げられた、日常のワンシーンであった。

街中のカフェらしき場所で、カラフルな色味の飲み物を掲げて画像に納まる女子三人。その中のひとりの顔面が、Sの字を描いたように歪んでいるのだとA子はいう。

今度は周囲の人間が首を傾げた。何故なら、A子が指し示した女性の顔には「歪み」などまるで見られなかったからだ。

後日、その画像の女子大生が、恋愛関係のもつれから自殺未遂を図り、病院に担ぎ込まれたと仲間から聞かされた。

単なる偶然だという者もあれば、「A子の予言だ」と騒ぐ者もいた。

「あの子、なんかヤバくね？」

以降、サークルの仲間たちが、A子をそんな風に噂するようになった。

女子大生の自殺未遂騒動を知った、サークル内のとある男子が、悪ノリをしてA子に、

「この中に、歪んで見える奴いる？」

と、何枚かの友人たちと撮った写真を見せた。

このとき、A子が「歪んでいる」と指摘した人物が数人いた。数か月以内に、それらの

人物が全員、何かしらの怪我をするか、病気にかかるか、若しくは大病が発覚するかの状況に見舞われていたことが判明した。

それは明らかに、「偶然」の範疇を越える数であったという。

梶原君は、不穏な空気が流れ始めたサークルから、次第に距離を置くようになった。

しばらくして、その後のA子の様子を仲間に尋ねたところ、結局A子はサークル内で浮いた存在となってしまい、一年を待たずにサークルを辞めたと聞かされた。

A子は、写真を見ただけで、その人の未来を感じ取ることができたのだろうか。

あるいはA子には、無作為に指し示した人物に不幸が振りかかるような、秘めた能力があったのではないだろうか。

真相は、闇の中である。


さてここまでのお話、知人から伺った「実話怪談」である。しかし、実話といえど敢えて変更した部分があることを御承知願いたい。例えば「梶原君」の名前、「A子」のイニシャル、登場人物の性別、「大学サークル」の設定等々。事実に沿った箇所もあれば変更した箇所もあるが、その詳細に関しては伏せさせていただく。

何故なら万が一、A子が他人に及ぼす危険な能力を持っているのであれば、その事実を公にしたことで、体験者である知人に被害が及んではならないという考慮の上の判断である。

貴重なお話をお預かりした以上、体験者様をお守りする責任が、怪談を扱う我々にはあるのではと肝に銘じている。

事故実家

祥子さんが離婚という道を選択したのには、御主人の実家に理由があったという。

結婚当時義実家には、義母と義妹と義母の姑に当たる義祖母が暮らしていた。義父は御主人が高校生の頃に既に亡くなっており、祥子さんがほとんど顔を合わせることがなかった、ほぼ寝たきりであった義祖母も、結婚三年目の年に他界した。更に義母までも、介護から解放された反動で買い物だ旅行だと元気に飛び回っていたにもかかわらず、義祖母の死後わずか一年で、心疾患のため急死してしまった。

丁度交際中だった男性との同棲・結婚の話も出ていた義妹から、

「自分はこの機会に実家を出るから、お兄ちゃんたちがここに住めば」

と、提案があった。

二階建ての５ＬＤＫ。閑静な住宅地にありながら駅からは徒歩圏の上、周囲には学校や病院、スーパーなどの生活に必須な施設も充実している。

「そろそろ子どもを」と考えていた祥子さん夫婦にとって、それは実にありがたい提案だった。

アパートを引き払い、御主人の実家で新生活を始めたが、数週間もしないうちに、祥子さんは頭痛や倦怠感などの体調不良に悩まされるようになった。引っ越し疲れかとも思ったが、仕事中は大して気にならず、自宅に帰るとどっと症状に襲われる。

加えて家の中で、妙な物音を耳にするようになった。

祥子さんが台所に立つ際、リビングへ繋がる方角から、
ガッ、ガッ、ガッ
と、何かがぶつかるような音が聞こえてくるのだ。

振り返ってみても、そこには誰もおらず、電化製品の異常なども見られない。御主人の在宅時にも聞こえたことがあったが、

「そんな音聞こえた？　風じゃなくて？」

家の中から聞こえているのだと訴えても、御主人はまったく聞く耳を持たない。

そんな最中《さなか》、義妹が顔を見せに現れた。

この家にいると妙な音がする。貴女が住んでいたときは、聞こえなかった？

藁をも掴みたかった祥子さんは、義妹に事の次第を説明した。すると義妹は、

「ああそれね、多分おばあちゃんだよ」

あっけらかんと、とんでもないことを口にする。

「おばあちゃん、寝たきりになる前に、長い間歩行器を使っていたでしょ？　そこんとこちょっと段差があるじゃん。通ろうとするたびに引っかかっていたんだよね。『ガッ』って。その音がおばあちゃんが死んじゃってからも、たまに聞こえてさ」

まだこの世に未練があるのかねぇなどと、義妹も御主人もむしろ微笑ましいエピソードのように語り合う。更に義妹は、

「お義姉さん、前からそんな言い方していたっけ」

などと妙なことを聞いてくる。

「いや『いじゃける』だなんてさ。東京出身って経歴詐称？」

「いじゃける」とは北関東の方言で「腹が立つ」を意味するという。義妹曰く、祥子さんが会話の合間に、

「あー、いじゃけるわぁ。ホントいじゃける」

と、何度も呟いていたのだと。

「そうだな、最近よく使っているな」

御主人もそれに同意する。祥子さんは驚愕した。彼女自身にそんな発言の記憶は一切なく、ましてや「いじゃける」の言葉自体初めて知ったからだ。

「それ、ママの口癖だったよね」

亡くなった義母は北関東の生まれで、感情が高ぶったときに、よく方言が出ていたのだと兄妹は語る。

――この家には、姑と大姑が今でも居座っている。

すぐにでも引っ越そうという祥子さんと、そんな大げさなという御主人との間に生まれた溝は埋まらずに、結果離婚という形となった。

「元旦那、再婚するみたいです。共通の後輩なんだけれど、彼女があの家に耐えられるか、正直ちょっと見物《みもの》だなって」

現在の祥子さんは健康そのもの。知らない方言を呟くこともなく、至って平穏な日々を送っている。

魅せられて

我が国が誇る伝統美術工芸品、日本刀。

理香子さんの御主人・淳司さんは、以前知人から日本刀を譲り受ける機会があった。元々釣りやキャンプを趣味にしていた彼は、登山や釣り用のナイフをコレクションしていたので、

「日本刀にも興味はないか？」

と、声を掛けてもらったのだという。

真剣を所持するとなると、登録証の名義変更など手続きが面倒なのではと、一旦は断ろうとしたが、実物を見せてもらった際、ひと目でその造形美に惚れ込み、ありがたく頂戴することにした。

刀身三十センチ程度の短刀。刀工の名も制作年も分からない無銘の刀ではあったが、大

切に手入れされてきたのだろう。錆ひとつなく見事な輝きを保っていた。

時間があれば、刀を手に取った。取扱い方法や手入れの手順を覚えるためという名目もあったが、歴史ある美術品が初めて自身の所有物に加わったことへの優越感を味わうため、そして何より刀の美しさに魅せられてしまったからであった。

光にかざすと刀身に現れる白い波模様・刃文《はもん》を眺めていると、時間はあっという間に過ぎていく。

その日も夕食後のくつろぎの時間、淳司さんは自宅の居間で短刀を取り出し愛でていた。恍惚とした表情で刀を見つめる御主人の姿を、奥さんの理香子さんは、

(毎日よく飽きないもんだなぁ)

と、半ば呆れながらも、お互いの趣味は尊重していたので、その夜も邪魔することなく好きにさせておいた。

リビングの天井灯に照らすように、頭上より刀を高く掲げ、もっともらしく頷く淳司さん。右手から左手に持ち替えたり、角度や構え方を変えてみたりなどを繰り返す。

「ねぇ、気を付けてよ」

季節は夏。短パンで素足を晒した状態で、胡坐をかきつつ刀鑑賞を続ける彼に、理香子

さんは注意を促した。うっかり落としでもして、大怪我なんぞ負われたら一大事である。

聞こえているのかいないのか、淳司さんは返事もないまま、今度は高く上げた右手で刀を逆手に握り、切っ先を床に垂直に向けている。こちらの忠告が聞こえていて、わざとあんな危ない持ち方をしているのだろうかと、理香子さんが苛立ちを覚えたところ、

「危ない！」

信じられないことに、淳司さんは刀を握っていた右手のひらを、パッと開いた。

真っすぐに落ちる刀が、そのまま淳司さんの太ももを突き刺すであろうと、理香子さんが叫び声を上げた瞬間――、

「……あ、あっぶねぇ」

間一髪のところで、淳司さんは左手で刀の柄《つか》の部分を掴み、落下を防いでいた。刃先から太ももまでは、わずか数センチの距離であった。

ふざけるのも大概にしなさいよと理香子さんは声を荒らげたが、淳司さんは、

「いや、俺もわけが分からん」

と、狐につままれたような顔で、右手は頭上でパー、震える左手は刀を握り締めたまま固まっている。

淳司さんによれば、

「なんで刀を持っていた手を離したのか分からない。まったく覚えていない。気が付いたら左手が刀を掴んでいた」

のだという。

刀に魅せられて操られていたのかもと、淳司さんはあれほど気に入っていた短刀を恐れるようになった。「妖刀」の二文字が頭を支配したのだ。

すぐに元の持ち主に事の次第を訴えると、

「ああやっぱり、おまえもなった？」

さもありなんといった態度で返してきた。

聞けば知人は、亡くなった親戚の形見分けでその短刀を貰い受け、当初は淳司さんと同じように興味を持って大事にしていたのだが、あるときそれをじっくりと眺めていた際、ふと意識を失う感覚があり、その後ハッと気が付くと、

「俺さ、自分で自分の首に、刀の刃を当てていたんだよね」

愛犬が吠えてくれたので我に返ることができたのだが、あのまま正気に戻らなかったらどうなっていたか――。

そう、知人の男性は告白した。

だが、そもそもの持ち主だった知人の親戚の死因は老衰で、刀とは関係なく、生前も特に危険な状況の経験もないまま、長年その刀を所持していたようなので、

「相性とか、そういうのがあるのかもなぁ」

知人男性と淳司さんは、そんな結論に至ったのだという。

短刀は専門の古美術商に買い取ってもらったが、幸いにも近隣で日本刀に関する事故や事件のニュースは聞かれていないので、

「相性のいい人の手に渡ったのでは」

と、取り敢えず淳司さんは安堵しているそうである。

だが再び縁があったとしても、彼が日本刀の蒐集に手を染めることはないだろうと、妻・理香子さんは語ってくれた。

パーフェクト・スノーマン

体験した当時は深く考えることのなかった出来事が、あとになって不意に思い出した際、奇妙に映ることはないだろうか。

二児の母の理香子さんは、雪が積もった冬のある日、子どもたちと一緒に少ない雪をかき集め、なんとか丸めて庭先に雪だるまを拵《こしら》えた。泥交じりで、少々不格好ではあるけれど、愛嬌のある雪だるまを見て、ふと幼かった日の記憶が呼び起こされた。

幼少の頃、理香子さんは北関東の山間に住む祖父母の自宅に、家の事情でひと月ほど預けられていたことがあった。

その年の冬、祖父母宅周辺地域は例年にない大雪に見舞われた。

ある朝目覚めると、寝泊まりしていた客間から覗いた窓の外は、一面の銀世界に変わっている。

雪を被った生垣の向こうに、何やら白い塊が見えた。二つの雪玉が積み重ねられた、一体の雪だるま。生垣の高さと比較して、それはずいぶんと大きな雪だるまだった。

家の中はまだ静かで、朝が早い祖父母もまだ眠っているようだった。そんな時間に、既にあんなに大きな雪だるまを、誰が作り上げたのだろう。不思議に思うよりも興奮が先に立ち、もっと近くで見てみたいと、パジャマのまま外へ出た。

「まだ幼稚園にも行っていない頃だったから、自分の身長は一メートルもなかったと思うんだよね」

そんな理香子さんが若干見上げてしまうほど、大きな雪だるまだったという。

「大人と同じくらいの高さがあったはず」だと。

家の中から見えていたのは背中側だったらしく、前に回ると、炭団《たどん》と木炭という昔ながらの材料で、顔もちゃんと作られていた。自分には到底作れない、素晴らしく立派な雪だるまだ。でも何かが足りない。

「完成させなきゃ！」

その一心のみで行動した。駆り立てられるように庭の木へと向かい、枝を二本へし折ると、両手に握り締めて雪だるまの元へと走った。

「えいっ！」

掛け声とともに一段目の雪玉の両脇に、枝を思い切り突き刺した。

足りなかった「腕」を、付けてあげたのだ。

「自分がこの立派な雪だるまを、完成させたのだ」

そんな達成感とともに、一旦家の中へと戻った。着替えて朝食を取ってから、ゆっくりまた遊ぼうと。

躍る心に、木の枝の腕を刺した瞬間に覚えた違和感は、すぐに記憶から消えてしまった。

朝食の場で理香子さんは、

「あの雪だるまは誰が作ってくれたの？」

祖父母にそう尋ねたが、二人ともキョトンとした顔で首を傾げている。更に、

「どこにそんなものがあったんだい？」

などと、逆に聞いてくる。

「見せてあげるから、来て」

祖父母の手を取り、生垣の向こうの雪だるまへと導いたが、

「あれぇ？」

確かに明け方そこにいた雪だるまが、理香子さんが両腕を付けてあげた雪だるまが、跡形もなく消えていた。

溶けたわけではない。誰かに崩されたわけでもない。

理香子さんの足跡の他には、何ひとつ乱されていない、まっさらな雪景色が広がるだけだった。

「夢でも見たんだね」

などと言われても、まったく納得がいかなかった。だったら何故、自分の運動靴は朝からこんなにも冷たく濡れているのか。

「だって、近所にゃ雪だるまを作って遊ぼうだなんて子どもは、いないしよ」

祖父母はあくまでも、理香子さんが寝ぼけたのだと言いたいらしい。

不満は残ったが、反論できるほどの語彙も持っていなかった幼い理香子さんは、理解してもらうことを諦め、ひとり外に出て雪遊びを始めた。消えてしまった雪だるまを思い出しながら、真似をして作ってはみたが、あれほど大きくて立派な雪だるまは、子どもひとりの手ではとても作ることができなかった。

その晩、散々遊んで疲れ果て、夜になりさあ眠ろうとなった際、ふと今朝見た雪だるまのことを思い出した。

（絶対この目で見たのになぁ）

記憶を辿るように、カーテンを開けて暗い窓の外を眺めると、部屋の明かりがぼんやりと届く範囲の端に、雪だるまがいた。朝見たのと同じ場所、同じ大きさ、だが今朝と違うのは、炭団と木炭で描かれた雪だるまの顔が、しっかりこちらを向いていたことだ。

（ほら、やっぱりいた！）

自分の見間違いなんかじゃなかったと嬉しくなった理香子さんは、明日早起きして見に行こうと、胸を弾ませながら布団に入った。だが――、
朝起きてすぐに窓を開けると、雪だるまはいなかった。

外に出て辺りを確認してみたが、夜の間に再び相当量が降ったのだろう。生垣の向こうは手つかずの雪原状態で、雪だるまが作られていた痕跡はまったく残されていなかった。

そして時は流れて数十年。

とある雪の日、二人の息子と雪だるまを作っていた理香子さんの脳内に、あの日の出来事がフラッシュバックした。そして、

（あれって、本当に雪だるまだったのか？）

数十年ぶりに湧き上がった疑問が、次第に大きく膨らんでいった。

いきなり現れたり、消えたりするのも変だった。更にあの雪だるまは、異様なほどに丸かった。完璧な球体が二個積み重ねられていた。表面は見たこともないほどに滑らかで、あんな物体が人の手によって作ることができるのか？　そして子どもたちと作った雪だるまに、折れた箒の柄を腕にしようと突き刺した際、一番の違和感を理香子さんはまざまざと思い出した。

あの日、庭の木の枝を折って、腕のなかった雪だるまに腕を付けた。雪玉に枝を突き刺したときの手の感触、それが両手に蘇った。

「雪に刺した感触じゃなかったの。もっと弾力がある、にちゃあってした肉々しい物体に、包丁を突き刺したような手ごたえだったの」

思い出せば出すほど、あれは奇妙な雪だるまだった。

数十年経って呼び起こされた両手の感触に、今更ながら理香子さんは身を震わせたという。

機械怪　其ノ壱　息子よ

文明は驚くべき進化を続けている。

テクノロジーの急速な発展は、我々の生活様式を次々と塗り替えていく。昭和初期には、御近所さん同士で貸し借りをしていた電話が、令和の現在には、持ち運び自由且つビデオ通話も可能となったスマートフォンの名前となって、十代以上の国民の九割近くがひとり一台所持するまでに普及したように。

暮らしの変容とともに、怪異も新しい形を取って現れている。そんな話を、幾つか綴っていく。


北関東にお住まいの主婦・朝子さんには、東京でひとり暮らしをしているタイキ君という大学生の息子さんがいる。

電車で二時間弱の、いざとなったらいつでも気軽に会える距離だとの認識が、ある日いきなり覆された。

二〇二〇年四月、新型コロナウィルス対策特別措置法に基づく緊急事態宣言の発令。不要不急の都道府県間の移動は自粛され、飲食店や商業施設には休業や時短営業等の要請が出された。東京在住のタイキ君は帰省することも、大学のキャンパスに通うことも、飲食店のバイトに出掛けることもできずに、孤独にひとり暮らしのアパートに引きこもる日々だった。

インターネットを利用して、リアルタイムに顔を見ながら友人や家族と話すことができても、所詮それらは映像の二次元でしかない。実際に会って飲食を共にしながら会話して得られるような、五感すべてを満たすことは不可能である。

元来社交的で行動派だったタイキ君は、日に日にストレスを溜め「キツイ」「辛い」と、母親の朝子さんにメッセージを送ってくるようになった。叶うのならばすぐにでも飛んでいきたい。若しくは帰っておいでと言ってあげたかったが、自宅には高齢の義母がいる。万が一を考えてしまうと、息子の東京からの帰省を強く勧めることはできなかった。

狭いアパートの部屋で、孤独に膝を抱える我が子の姿を想像すると、正に「断腸の思い」

であったという。そんなある晩のこと――。

就寝前の習慣で、朝子さんはベッドに入り読書をしていた。目覚まし代わりに使っているスマホはベッド脇のサイドテーブルに置き、ハードカバーの小説に描かれた世界に、しばし辛い現実を忘れ夢中になっていた。

ふと、サイドテーブルに置いたスマホから着メロが流れ出した。お気に入りの映画のテーマソングは、スマホの電話の着信音に自分で設定したものだった。だが親しい間柄からの連絡は、最近はメッセンジャーアプリで済ましている。スマホに直接掛かってくるのは大抵営業系だったが、だとすると、間もなく日が変わるかのこんな遅い時間の電話は妙である。訝しがりつつも、光るスマホ画面に明示された発信者の名前を確認した朝子さんは、慌てて通話ボタンをタップしスマホを耳に当てた。

発信者は、タイキ君だった。

心臓が激しく高鳴った。こんな深夜にどうしたのだろう。いつもはメッセンジャーアプリを使っているのに直電で。事故にでも巻き込まれたのか。いやそれよりも、ストレスを貯め込んでいた彼が、もしや思い詰めて……。

最悪の状況が頭をよぎった。

「もしもしタイキ？　お母さんよ。もしもし！」

必死に呼び掛けるが、スマホの受話口から返答はなく、ざぁざぁという雑音しか聞こえてこない。

「タイキ！」

ふとスピーカーから声がした。

「ようするに、大統領制のメリットとしては」

息子の声だった。電話の向こうで、二〇二〇年に行われたアメリカ大統領選挙について、もっともらしく誰かに語っている。

我が子が無事であったことに安堵した。だが、サッカーとゲームが大好きでいつもおちゃらけていた息子が、政治の話を？　本当に喋っているのは息子なのか？

「タイキ！　タイキ！」

朝子さんが息子さんを呼ぶ声が届いていないのか、彼からの反応はなく、政治談議が続いている。

「タイキ！」

ほぼ叫びにも近い声で、朝子さんが息子さんの名を呼んだ瞬間、唐突に通話は切れた。

すぐに掛け直そうと履歴を見たが、何故か今掛かってきた通話の着信履歴がスマホには残されていない。

使い慣れていたメッセンジャーアプリに切り替える。何回かの呼び出し音のあと、

「はい、どうした?」

呑気な息子さんの声が聞こえてきた。

結果として、タイキ君のスマホには朝子さんへの発信履歴がしっかりと残されていた。

だが、それは絶対あり得ないと、タイキ君は断言した。

「俺は掛けていない。スマホは手の届かないベッドの上に置いてあったし、証人もいる」

近所に住む大学の友人を招いて、話に花を咲かせていたのだという。確かに、米大統領選の話題も上がっていた。しかし友人との会話中、スマホには一切触れていなかったと。

母親へ勝手に電話を掛けたタイキ君のスマホ。息子の声が届いていたにもかかわらず、通話履歴が残されていなかった朝子さんのスマホ。

機械のエラーだと片付けてしまうのは少々味気ないであろう、「親子の縁」を感じる話であった。

機械怪　其ノ弐　スピーカーは歌う

続いては、大学生と高校生の息子さんを持つ主婦・純子さんのお話。

「おふくろまで俺を陥れるのか」

ある休日の昼下がり、高校生の次男坊が目をむいて怒りながらリビングに現れた。

昼ご飯を済ませたあと、二階の自室に行こうと階段を上がろうとしたところ、いきなり大音量で音楽が流れ出し腰を抜かしたという。音の出どころは、兄の部屋に置かれた一台のスピーカー。「おふくろまで」と、純子さんが疑われたのには理由があった。

以前、東京で暮らす大学生の兄が里帰りした際、怖がりな弟を驚かせてやろうと、夕食後に弟がひとりで二階に向かおうとしたのを狙って、自分の部屋のスピーカーのBluetooth機能を使い、一階のリビングからスマホを操作して最大ボリュームで激しい曲を流したことがあった。誰もいないはずの真っ暗な二階から突然流れ出した音の洪水に、絶叫してリビングに駆け戻ってきた弟の姿を見て、兄は腹を抱えて笑っていた。

そんな兄の悪戯を純子さんが真似をして、自分を再び騙して怖がらせようとしたのだろうと、次男坊は主張する。

最新機器には明るくない純子さん。スマホさえろくに使いこなせていないのに、Bluetoothを利用した悪戯なんてできるわけがない。

「私じゃないよ」

純子さんが否定しても、次男坊の目から疑いの色は消えない。

「近所のお宅の電波を、拾っちゃうこともあるんじゃないの?」

他者が所持する機器に勝手にBluetoothをペアリングして、盗聴行為を行ったりする被害も出ていると聞く。

テレビ番組から得たざっくりとした知識であったが、悪戯目的でなくとも偶然外からの電波を受信してしまうことがあるのではないかと、純子さんは意見した。

納得いかないといった表情のまま、自分で真相を突き止めるぞと、次男坊は兄の部屋に鼻息荒く向かっていく。

しばらくして、次男坊が「ヤバいヤバいヤバいヤバい」と連呼しながらリビングに駆け込んできた。兄に悪戯されたあの夜と同じように。

「兄貴のスピーカー、Bluetooth のスイッチ入っていなかった。ていうか試しに俺のスマホから曲飛ばそうとしたけれど、スピーカーの充電自体もうゼロだった」

つまり音が出るわけがないのだと、あり得ないことが起きたのだと次男坊は怯えた声で力説する。

リビングのテレビの音が、反響して聞こえたんじゃないの？　そう純子さんは次男坊を宥めたが、

「そんなわけない。二階ヤバい、怖い」

と言って、次男坊はしばらく一階のリビングで寝起きをしていたという。

そこで終わったかと思っていたスピーカー騒動は、次男坊が学校に行っている平日の日中、自宅に純子さんひとりのときにも起きた。

夕刻、取り込んだ洗濯物を畳んで風呂場の脱衣所の収納にしまっていた際、すぐそばの階段の上から、コーラスのような多人数の歌声が聞こえてきた。咄嗟に純子さんは、

「誰かいるの？」

二階に向かって叫んだ。自宅には自分ひとりだと分かっていたのに、どうしてだか人の

気配を階上から感じてしまったのだ。

「出て行きなさい！」

二階から放たれる異様な気配に、毅然と怒りの声を上げた。すると、
バタン。

扉の閉まる音が聞こえたと同時に、歌声もかき消えた。

恐る恐る階段を上がり二階を覗く。夫婦の寝室、次男坊の部屋、そして一番奥の――、

「二階の各部屋のドアは、換気のために全部開けておいたのに、長男の部屋のドアだけが閉まっていました」

窓は開けていなかった。風で閉まったわけではない。

すぐに純子さんは、長男のスピーカーを押し入れにしまい込んだ。万が一再び勝手に鳴りだしても、音が漏れないようにと。

何より薄気味悪かったのは、聞こえてきたコーラスのメロディーが、キリスト教での葬儀の際によく歌われる讃美歌四〇五番「神ともにいまして」であったことだ。ミッション系の学校を卒業している純子さんだからこそ気づいた事項であったが、讃美歌を何語で歌っていたのかは聞き取れなかった。少なくとも、日本語ではなかったそうである。

いっそ処分してほしいと長男にお願いもしたが、「壊れているわけではないから」と、現在も押し入れの奥深くにそのスピーカーは存在しているという。

機械怪　其ノ参　サイン

読書は絶対「紙の本」で。

生涯揺らぐことがないと思っていたこの信念が、簡単に覆ったのは加齢とコロナ禍が原因であると、読書家の柚希さんは話を切り出した。

五十を過ぎてから一気に老眼が進行し、まずは文庫本の小さな文字を追うのが辛くなってきた。

「電子書籍なら、文字を自由に拡大できるよ」

同世代の友人から電子書籍用端末を薦められ、少々揺らいだ。その上、コロナ禍でよく利用していた図書館が利用中止になり、気軽に本を選んで読むことができなくなってしまった状況下で、電子書籍にも音楽や映画同様に、定額料金を支払うことで一定期間対象商品を自由に利用できる、サブスクリプションのシステムがあると知り、その便利さにハマってしまったという。

以来柚希さんは「紙」一辺倒ではなく、「電書」の利点も取り入れつつ読書を楽しむようになった。

電書のサブスクで、彼女が好んで読んだのは「怪談本」であった。以前から興味はあったものの、見るからに恐ろしい強烈な表紙の装画に加え、所持しているだけでよくないことが起きそうな禍々しい話の数々に、怪談本を自宅の書棚に並べるのは躊躇していた。だが電書で読めば、その問題は解決する。契約していたサブスクでは、怪談に特化したレーベルの書籍が読み放題であり（我らが『竹書房怪談文庫』である）、図書館では扱っていないようなマニアックな書籍にも出会うことができた。

怪談本の中にも、ジャンルが多数あるのも興味深かった。実話怪談ひとつを取ってみても、ルポルタージュ風、超短編、テーマに沿ったアンソロジー。

柚希さんの特にお気に入りのジャンルは、「御当地物」の実話怪談集だった。北は北海道から南は沖縄まで、都道府県や地方別に怪奇譚がそれぞれ一冊に纏められたもので、県外の移動が自粛され、出掛けることも減ってしまったコロナ禍で、ちょっとした旅気分が味わえるのが乙だった。そして怪談本をたしなむようになったものの、元来怖がりである柚希さんにとって、怪異が起きた場所がはっきりと明記されている御当地怪談の、「自分とは離れた場所で起きているから大丈夫」という距離感も丁度良かったのだろう。

「でも、その中の一冊がちょっとおかしくて」

柚希さんによると、ある一冊の御当地怪談を電子書籍用端末で読んでいると、エラーが続出したのだという。ページが勝手に進んだり戻ったり、文章の一部にいきなりマーカーが引かれ、その箇所が強調されるハイライト機能が作動したり。

機械であるのだからエラーは承知だ。だが他の怪談本や違うジャンルの小説や雑誌、漫画を読んでいたときには起きない。その御当地怪談本だけで起きるエラーだった。

ハイライト機能をオフにしても引かれるマーカー。端末で他の書籍を読んでいても、一旦閉じて次に開くと、何故か端末はその御当地怪談本を表示する。サブスクのレンタル履歴から削除したのに、再度同様の現象が起きた際には、さすがに気味が悪くなって、端末を初期化してようやくそれらは治まった。

過去に訪れたこともさほど興味を抱いたこともなかった、柚希さんには縁もゆかりもない、日本列島を大きく分ければ西に分類される某地方の怪談本。

「あれは私にその土地に行けというメッセージなのか、それとも『来るな』という警告なのか。どっちだと思う？」

そう語る柚希さんに、

「コロナ禍が落ち着いたら、取り敢えず行ってみたら」

と答えると、「無責任な」と叱られた。

「ネタができたらラッキーとか、思っているんでしょう」とも。

それが図星であるかはさておき、柚希さんの端末にはいまだにその書籍が「おすすめ」として時折トップに上がってくるという。そのたび消去しているにもかかわらず――。

機械怪　其ノ肆　肩越しの参加者

新型コロナウィルスの感染拡大防止のため、二〇二〇年は多くの企業において、情報技術を活用した柔軟な勤務体系「テレワーク」が急速に導入された。

千香さんが勤めていたデザイン関連の会社でも、在宅勤務が推奨され、ミーティングや社員同士のやり取り等は、Ｗｅｂ会議システムでほぼ済まされるようになった。

その日のＷｅｂ会議では、外注のデザイナーさんも参加していた。会議の参加メンバーは八人。パソコンの画面には上二段に三人ずつ、一番下の段に二人の画像。デザイナーさんは最上段の真ん中に配置され、千香さんの画像は最下段の右側に表示されていた。

デザイナーさんを含め、女性社員が多かったこともあるのだろう。参加者のほとんどが、カメラに自宅の部屋の様子が映り込まないように、背景にぼかしを入れたりバーチャル画像を取り入れたりしていた。

映像の中の人物の輪郭を識別し、背景のみを好みの画像に置き換えることのできるバーチャル背景機能。特定の色を判別するクロマキー合成のように、グリーンスクリーンがなくても簡単に背景画像を設定できるので、ひとり暮らしの部屋を隠したかった千香さんも、初期の段階から利用していた。

Ｗｅｂ会議の進行中、モニターに映し出された参加者の画像に、千香さんはちょっとした異変を見つけた。

上段中央のデザイナーさんの画像。彼女は背景に、洒落たカフェの画像を合成していた。だがバストアップの輪郭に沿って背景が組み合わされるはずなのに、向かって右の肩にまるで瘤《こぶ》のようにこんもりとしたシルエットができており、その部分だけ背景が合成されずに、背後の壁面が少し見えてしまっている。背景を変えている他の参加者の中には、そのような状態になっている人はいない。

どういった理由で、こんな症状が出てしまっているのだろうか。

小さな疑問が浮かんだが、その日の会議はひとまず滞りなく終了した。

数週間後、再び同じデザイナーさんを交えてＷｅｂ会議が開催された。

モニターに並んだ参加者の各映像を目にして、千香さんはフリーズした。

デザイナーさんのバーチャル背景にまた異変が起きていた。

瘤サイズだった右肩部分のバーチャル画像の抜け部分が、頭と上半身がはっきりと形どられた人型のシルエットになっている。おまけに影は、まるで自分も会議に参加しているかのように、彼女の肩越しからこちらを覗き、会話に合わせ「うんうん」と頷いているかに見える。

しかし、会議に参加している他のメンバーは、誰ひとりその異質な影に反応を示していなかった。デザイナーさん自身も、まったく気にしていない。

（……私にしか、見えていないの？）

よく見れば影の頭部分には三つの穴が開いており、それが目と口にしか見えず、影に命が宿っているように感じられた。

気のせいだ。単なるシミュラクラ現象だと言い聞かせ、会議に集中するためになるべくデザイナーさんの映像を視界に入れないようにする。挙動不審に見られるかもしれなかったが、背に腹は代えられない。

一時間弱の会議が倍以上に感じられながらも、ようやく仕事の話は一段落し、軽い雑談が始まった。未知の疫病が猛威を振るう昨今を嘆きつつ、互いの体調を気遣うような会話が続く中、デザイナーさんが困り眉で口を開いた。

「やっぱりストレスですかね。最近どうも調子が悪くて」

と、彼女が不調を訴えた瞬間――、
右肩の影が笑いだした。声は聞こえなかったが、口を大きく開け、身体を前後に揺らす様子は、こんなおかしい話はないと爆笑している姿にしか見えなかった。

邪悪だ。

彼女の体調不良をあざ笑う、この影は邪悪なものに違いない。

彼女に伝えなくては。貴女の背後に、おかしな物がいますよと。体調が優れない原因も、貴女の肩越しで笑う奇妙な影のせいかもしれませんよと。

どのタイミングで彼女に教えるべきかと千香さんが戸惑っているうちに、チームのリーダーによって、Ｗｅｂ会議の終了が告げられてしまった。

しばらくして、そのプロジェクトは一旦の仕切り直しが通達された。病気を理由に、会議に参加していたデザイナーさんが仕事を続けられなくなったため、新しい外注のデザイナーさんが入るのだと聞かされた。

詳しい病状は、下っ端の千香さんの耳には届いてこなかったが、

「あの影と、無関係ではないような気がして」

密かに彼女は、そう信じているという。

以来Ｗｅｂ会議の場では、参加者の背後が気になって集中できなかった千香さんだったが、最近ようやく現場で対面でのミーティングが増えてきたので、安堵しているとのことである。

機械怪　其ノ伍　友からのメール

母娘三代それぞれの体験談を、前作『貰い火怪談』で綴らせていただいた主婦の奈美子さんから、また新たなお話を伺うことができた。

数年前、奈美子さんの御友人が亡くなった。彼女は高校の同級生で、お互いの嫁ぎ先には距離があり、なかなか会うことが叶わなかったものの、一通り育児も落ち着いたのでそろそろ皆で会えるかなと、奈美子さんが考えていた矢先のことだった。

御友人の房子さんは、数年前から闘病生活を送っていたという。心配を掛けたくないと、友人知人には病状を知らせずそのまま逝ってしまわれ、奈美子さんが二十数年ぶりに会えた房子さんは、通夜の席、棺の中で静かに眠る姿であった。

葬儀にも参列し、最後の別れをして彼女を見送った。自宅へ帰る新幹線には、学生時代に親しくしていた、房子さんや奈美子さんを含めた四人組の残りの二人、MさんとT子さんも同乗していた。

五十代の若さで旅立ってしまった友を偲び、且つ自身のこれからの生き方についても思いを馳せた。

自分たちは既に、人生の後半戦に差し掛かっている。元気なうちにもっと会いたい人に会って、訪れたい場所に出掛けよう。手始めに三人でどこか旅行にでも行かないか。

話は盛り上がり、丁度その頃三人とも携帯電話からスマホに替えた時期だったので、LINEの連絡先を交換しようということになった。とはいえ、まだ始めたばかりのLINEに皆慣れていなかったので、奈美子さんが二人にメールで自分のLINEのIDを送ろうと試みた。だがそのメールは、T子さんのみに届きMさんには送れていなかった。履歴を確かめると、送信先にMさんのアドレスを入れたはずが、何故か亡くなった房子さんのメアドになっていた。

友人の死を悼む気持ちが招いた、小さなミスだろうとMさんは言ったが、奈美子さんには自分はきちんと送信先を確認した自信があった。仕方がないので二回目は、Mさんの目の前でアドレスを確認しながら送信をした。

だが二回目のメールも、Mさんに届かない。もしやと思い確認すると、またしても送信先が何故か房子さんに変わっていた。

そのとき新幹線は、トンネルの多い地域を走っていた。電波の乱れが原因ではないかと、広い平地に出た際にもう一度試した。しかし――、

三度目のMさん宛てのメールも、本人が再び読むことはないであろう房子さんのアドレスに送信されていた。

「房子も、一緒に旅行に行きたいのかな」

「あの子、結構寂しがり屋のところあったもんね」

奈美子さんらは互いにそんなことを口にし、スマホに起きた不思議な現象をそのまま受け入れた。

「ずっと友達だよ」

もう二度と、メールのやり取りや言葉を交わすことができなくとも、四人の友情は変わらないよと誓い、奈美子さんたち三人は各々スマホから房子さんのアドレスをその場で消去した。

四回目のメールは、無事Mさんに送付された。

夜、光る

「二階の踊り場に、小さな窓があったんですよ。これくらいの」

そう言って章史《あきふみ》さんは、両手で洗面台の鏡ほどの大きさの長方形を描いた。

章史さんは幼少期、父親の仕事の都合上数度の引っ越しを経験した。それぞれの引っ越し先では、父親の会社が管理する、借り上げ社宅に居住していた。

その窓があったのは、章史さん家族が、北関東の地方都市に暮らしていた頃に住んでいた一軒家だという。

「築年数の浅いモダンな家で、『これはアタリだわ』と母親が喜んでいたのを覚えています」

一階にリビングとダイニングキッチン、客間の和室、そして二階には両親の寝室の他に子ども部屋が二部屋あったので、三歳年上の姉と別々に初めて自分の部屋を貰えたのが、章史少年にとってもとても喜ばしいことだった。ゲームをしたり漫画を読みふけったり、両親に隠れてこっそり夜更かしする楽しみを知ったのもその家であった。

ある日の深夜のこと。部屋に持ち込んだジュースの飲み過ぎか、トイレに行きたくなった。家族がすっかり寝付き、しんとした二階を抜き足で歩いてトイレに向かうと――、
廊下の先の階段が、ぼんやりと明るく見えるのが気になった。蛍光灯の明かりとは違う、ふんわりとした柔らかい光が、階段の踊り場を満たしている。

階段下を覗くと、白い光は踊り場の壁の高い位置にある、開閉のできない採光窓から差し込んでいた。

月の光だろうか。こんなにも月が明るいものだとは知らなかった。

新たな発見をこの目で確かめようと、窓から空が覗ける位置まで階段を下りる。

だが、光を発していたのは空に浮かぶ月ではなく、住宅街の道を挟んだ大通りに建つ総合病院であった。

どんな照明の当て方をしているのだろう。建物全体が白く発光しているような、芸術的なライトアップ。決して都会ではないその土地で、それも病院をこんな風に照らす意味があるのだろうかと疑問も浮かんだが、取り敢えず尿意に耐え切れずトイレへと向かった。

あの病院なら、無理に階段で背伸びをしなくても、自分の部屋の窓からも見えるはずだ。

用を足し終え、自室に戻りカーテンを開けたが、ライトアップの時間は終わってしまったのか、病院は幾つかの窓に明かりが残るだけで、街灯のみで照らされた街並みと同様に、周囲の景色に溶け込んでいた。

もう一度見てみたいと、日が落ちたら病院を気にするようにしていたのだが、あの幻想的な照明は特別なものだったのか、なかなか目にすることができなかった。

だが忘れた頃に、再びその機会は訪れた。

やはり夜中にトイレに起きた際、踊り場の明かり取りの窓から、煌々と光り輝く病院を拝めた。しかしその光景に、章史少年は小さな違和感を覚えた。

トイレに行く前に、この頃の習慣で自分の部屋のカーテンを開けて、病院の照明をチェックしたのはほんの少し前。そのときは病院を包む白い光は点灯していなかった。そして部屋に戻って再び確認すると、ライトアップは消えていた。そんな頻繁に、照明を点けたり消したりするものだろうか。

妙なことは他にもあった。病院のごく近くに住むクラスメイトに、ライトアップについて尋ねてみた。真夜中にあんなに明るくライトが点灯していたら、近所の人たちは眩しくて眠れないのではないかと。だが、「そんなの知らない」と、ポカンとされた。その時点で、

「もしかしてあの光は、我が家の踊り場の窓からしか見えないのでは」

そんな突拍子もない考えが浮かんだ。両親や姉にも確認したかったが、「夜更かしを叱られたら」いやそれよりも「自分にしかあの光が見えていなかったとしたら」と思うと、行動に移すことが躊躇《ためら》われた。深く考えると混乱しそうになるので、明かりについてはそれ以上追求しないことを決め、夜も早くベッドに入るよう心がけた。

だがある日、お腹を壊して、どうしても真夜中にトイレに行きたくなった。疼くお腹を抱え部屋から出ると、無視できないほどのまばゆい光が階段から溢れていた。恐る恐る、窓を覗きに行くと――、

病院は光っていなかった。光っていたのは、お向かいのお宅だった。

地面から燃え上がるように光る、ごく普通の一軒家のただならぬ様子に、走って自室に戻り布団を被って心を無にしようと努めた。建物が光る理由を、突き詰めようとは思わなかった。

しかし数日後、それを想像可能とする出来事を母親から聞かされた。

お向かいのお宅の、高齢のおばあちゃんが亡くなった。死因は老衰。いつもは誰よりも早起きの彼女が、なかなか部屋から起きてこなかったので様子を見に行ったところ、布団

の中で既に冷たくなっていたという。

「どうやらあの窓から見えていた光は、誰かが亡くなったときに発光していたんじゃないかって」

入院施設もあり、救急指定病院でもある件の病院は、夜間亡くなる方もいるだろう。

でもどうして、あの窓からだけ光が見えたのか。

それは自分だけの能力だったのか。

答えは分からぬまま再び父親の転勤が決まり、章史さん一家はその家から出ることになった。

現在住む持ち家に落ち着くまで、海外も含め数軒の家に移り住んだが、夜間に光る建物を、その後窓から目にすることはなかった。

「改めて考えると、そんなに恐怖は感じなかったです。見ているだけで引き込まれてしまう、なんというかとても吸引力のある光でした」

章史さんの口調は、まるでかけがえのない思い出を語るようであった。

もし再び、その光を目撃することがあるのなら、章史さんは迷わずついて行ってしまうのではと杞憂したほどに――。

それをそのまま言葉にすると、章史さんは肯定も否定もせず、意味ありげな微笑みで応えるのみだった。

三者三様

朝目覚めると、辺りは一面真っ白な霧に満ちていた。

何故自分の部屋が霧に覆われているのかと、慌てて飛び起き見渡すと、窓が開いているわけでもなく、異常事態の原因は、自分にあることに気が付いた。

視界が霞んでいる。

白いヴェールが眼前に広げられているかのように、モヤがかかり、ベッドの足先も天井の電灯も家具も、顔の前に掲げた自分の手のひらの皺さえも、すべてがぼやけて見える。

目を擦ったり、瞬きを繰り返したりをしてみたけれど、正常な視界は戻ってこない。

手探りで洗面所へ向かい鏡を覗くが、視界全体が霞んでいるので、眼球が白く濁っているのかどうかもよく分からない。

――こんなことは、かつて一度もなかった。

眼科に行くべきか。市販の目薬でなんとかならないか。仕方がない、ドラッグストアが開店したら買いに行くか。いずれにしても面倒くさい。あぁ、忌々しい。

ひとり暮らしのアパートでは不機嫌をぶつける相手も見つからず、もう一度ベッドに潜り込んで目を瞑った。瞼を閉じてしまえば、不快な視界は気にならずに済む。

ふて寝を決め込み再び目覚めると、窓から見える太陽は既に高い位置に昇っている。その光景がクリアに見えた。

助かった。わずか数時間二度寝しただけで、視界は元に戻った。

寝不足か疲労か、それとも日頃の食生活の乱れが原因か。

いずれにせよ、昨夜仲間とノリで出掛けた、心霊スポット巡りが原因とは、A君は露ほども思わなかった。

B君は疲れやストレスが溜まると、抵抗力が落ちるのか、結膜炎の症状が出ることが度々あった。

その日も朝起きて、身支度をしようと鏡の前に立って異変に気が付いた。

両目の白目部分が、赤い絵の具を落としたように真っ赤に充血している。

また結膜炎が出てしまったか。自覚は余りなかったが、就職活動のストレスが気づかぬうちに溜まっていたのかもしれない。

冷蔵庫に常備している市販の目薬をさす。痛みは特にないが、飲食業のバイトにこの目で立つのはいかがなものか。両目とも症状が出てしまっているから、眼帯をして外出するわけにもいかない。

そんなことを考えながら、はたと気づいた。

――こんなことは、かつて一度もなかった。

炎症が出るのは、右目の方が多かった。時折左も充血することはあったが、両目同時に、しかもこれほど赤くなったのは初めてだった。

数日経過しても白目の赤みはなかなか引かず、眼科を受診したが、

「結膜炎でしょう」

と、予想通りの診断しか貰えなかった。

それでも一週間を過ぎた頃には、気にならないくらいに充血は消えていた。

症状が現れる前日に、誘われるがままに出掛けた心霊スポットに同行した高校の同級生A君とC君が、同じように目のトラブルに遭っていたことなど、考えもしなかった。

C君はその日、最悪な目覚めで朝を迎えた。

「痛ぇぇぇぇっっっ」

喉も壊れんばかりの絶叫とともに。

「どうしたの⁉」

驚いて飛び起きたのは、隣で寝ていた同棲中の彼女であった。

「め、め、め、め、め、めっ」

明らかに様子のおかしいC君。髪を掻きむしったり、自分の頬を自分で激しく叩いたり。

そして壊れたオーディオのように、繰り返し「め」を叫び続けている。

「ちょっと何よ。ふざけているの？　怖いからやめて」

尋常ではない彼氏の姿に、心配より恐怖が勝ってしまう彼女。そんな彼女に、なんとか
自分の状況を理解してほしくて、

「違う違う違う。目、目、目っ。俺の目ぇ見て！　なんか刺さっていない⁉」

C君は必死の形相で彼女に訴えた。

目が痛い。瞬きをするたびに、両の目を針で突き刺したような鋭い激痛が走る。

痛みから逃れるために、瞬きをしないよう指で瞼を押し開くが、永遠にそれを続けるわけにもいかない。だが、瞼を閉じると、耐え難い痛みが襲ってくる。

いっそこのまま、眼球ごと根こそぎもいでしまえば、痛みから解放されるのでは……。

常軌を逸した思考にハマってしまうほど、C君は痛みでパニックになっていた。

「見せて」

先に冷静さを取り戻したのは、彼女の方だった。

「こっち向いて。動かないで」

C君の頭をがっちりと固定し、彼の目に何が起きているのかを確かめようと覗き込んでくる。

「ねぇ、どう？　なんか入っている？　入っているでしょ？」

この痛みは、目の中に何か異物が混入しているとしか思えない。溢れる涙で頬がべたつくが、大量の涙で異物が流れ出てくれたら、それに越したことはない。

「痛い痛い痛い痛い」

しかし、幾ら子どものように泣きじゃくってみても、眼球に刺し込む痛みは消えてくれない。

「えっ？　うそ、何これ」

彼女の声が裏返って聞こえる。いったい何が自分の目の中に？　答えを知りたい、でも分かってしまうのもどこか怖い。そんな思いに、C君は揺れ動く。

「何？　何がどうなっているの？　俺の目、大丈夫なのぉっ!?」

C君の必死の問い掛けに返ってきたのは、

「まつ毛！　あんたまつ毛どうしちゃったのよ!?」

予想だにしなかった回答だった。抜けたまつ毛が目の中に入り、痛みを伴うことはごく稀《まれ》にあった。だがそれはゴロゴロとした多少の違和感であって、無数の針で突つかれているようなこれほどの痛みではなかった。

「まつ毛？　まつ毛が入っているの？　取って！　早く取って！」

原因が分かったのなら、あとはそれを取り除くばかりだ。だが続いた彼女の言葉は、更にC君を絶望に追い込むものだった。

「無理！　取れない！」

「なんで!?」

「だって、まだ生えているんだもん！　生えているまつ毛が、目玉の方に向いちゃっているの！　どうしてこんなことになったのよ！」

上瞼のまつ毛も、下瞼のまつ毛も、生えているうちのほとんどが、まるでビューラーを使用したかのように、眼球に向かってカールされているのだという。もちろん、

――こんなことは、かつて一度もなかった。

「抜いて！　全部抜いちゃって！　じゃなければ切って！　切っちゃって！」

まつ毛がない状態の自分の顔を、想像している余裕はなかった。とにかく痛みが和らげばと願ったが、

「できっこないって！　絶対目ぇ傷つけちゃう！」

綺麗に伸ばして赤く染めた彼女の爪では、それは難しいと納得した。

ならば濡らしてしまえば、カールは元通りになるかと、顔を洗いまくったが、若干痛みは和らいだものの、頑固な数本のまつ毛が依然眼球を突き刺してくる。

「いわゆる、『逆さまつ毛』の症状だね」

駆け込んだ眼科で、そう診断された。熱を加えた器具でまつ毛のカーブを直し、それでもいうことを聞かない数本は、抜いたりレーザーで焼き切ったりの処置を受けた。

「小さい子どもや、加齢で瞼が下がってくる高齢者に多いんだけれど」

まだ若く、すっきりとした二重瞼のC君のまつ毛が、それも全部ではなくまばらにカーブを描いている状況は、なんらかの人の手の力が加えられているとしか考えられないと、眼科医は明らかにC君と彼女による悪戯や悪ふざけだと疑っていた。

今朝の狂乱の様子を見せてやりたいと、二人は憤慨した。

では何が理由かと考えた際、C君には思い当たる節がひとつだけあった。

自分のまつ毛が凶器に変わる前夜、悪友の車に同乗したところ、無理やり心霊スポットに連行された。自殺者が続出したという廃マンションで、罰当たりな行動は止めろと友人AとBに注意したにもかかわらず、二人は騒ぎに騒ぎまくった。

「怒りに触れたんだ。呪われたんだ。だからこんなことに」

後悔と恐れと気を抜くと蘇ってくる激痛に、体調を崩してしまったC君は、その後しばらく寝込んで過ごした。

医者は「逆さまつ毛でここまで痛がる患者も珍しい」とも言っていた。そして「痛みに弱いんだね」と笑われた。

だが、本当に無数の針を打ち込まれているような痛みだったのだとC君は繰り返す。

ようやく調子も戻り、A君とB君に「おまえらのせいで最悪だったんだぞ」と連絡を入れたところ、彼らにも起きていた「目」にまつわる現象を聞かされた。

呪いだと信じていたのはC君のみで、A君はただの偶然だと笑い、B君はどちらだとも明確には言及しなかった。

C君の言う通り何かの呪いであったとしても、心霊スポット巡りを提案し一番はしゃいでいたA君の症状が一番軽く、最後まで反対していたC君が最も悲惨な目に遭った理由は、分からぬままである。

A君の弱点

友人らを災難に巻き込んだ、A君こと足立君。

喉元過ぎればなんとやらで、再び心霊スポットへ肝試しにと出掛けた。いつもつるんでいた高校の同級生二人には、「二度と誘うな」とけんもほろろに断られたので、免許を取ったばかりのバイト先の後輩を誘い、せっかくだからと女子にも声を掛け、深夜の心霊ドライブツアーに興じた。

廃病院に廃工場、公園や踏切にダムと、心霊目撃談のあるあちこちを巡ったものの、別段何かを見たり聞いたり感じたりすることもなく、単なる普通のドライブで時間は過ぎた。

門限のあった女子二人をそれぞれの自宅に送り届けたのち、知らない道をもっと走って運転の練習をしたいという後輩に付き合って、足立君たちはもう少しドライブを続けることにした。

「夜明けの海でも見に行くか」

男二人で海岸線を目指す。たわいもない会話を交わしながら、順調に車を飛ばしていると、

「あれ？　あれっ？」

ハンドルを握っていた後輩が、突然動揺した声を発したかと思うと、

「うわぁっ！　な、何だこれ⁉」

目をむいて叫び声を上げ、助手席の足立君を驚かせた。

「おまえ、ちゃんと前見て運転しろよ。危ねぇじゃねぇか」

車は結構な速度が出ているにもかかわらず、後輩はチラチラとよそ見をして自分の足元を覗いては「うわぁ、うわぁ」と情けない声を上げ、明らかにパニックに陥っている。

「おいバカ、何してんだよ。今信号赤だったろうが！」

おまけにここまでずっと慎重に安全運転を心がけていた後輩が、いきなり赤信号を無視して、猛スピードのまま交差点を走り抜けた。

「どうした？　ブレーキいかれたか⁉」

真っ先に足立さんは、ブレーキの故障を疑った。しかし後輩は、

「足立さん！　足っ！　俺の足がっ！」

必死の形相で、そう訴えてくる。足がどうしたというのだろう。つったのか？　だからブレーキを踏み込めず、赤信号を停止せずに突っ走ったのか？

「いいからまず、アクセルから足どかせ！」

衰えるどころか増してくるスピードに、足立君は声を荒らげた。だが、

「無理です！　だって俺の足、なくなってる！　俺の足、どこ行ったんですか!?」

後輩の口からは、意味不明の発言しか返ってこない。

「おまえ何言ってんだよ！　ブレーキ踏めって！」

「踏めません！　足が、足がないんですっ！」

成立しない会話を諦めて、足立君は瞬時に考えた。

さっきの交差点では、幸い歩行者も後続車も、交差車線を走る車もいなかった。しかしまた赤信号に捕まった際、その幸運が続くとは限らない。大事故を引き起こしてしまう可能性だってある。

道の遥か先に、小さく赤く灯る信号が見えた。急がないと。

助手席側の道路脇は草藪が続いている。ままよと足立君は行動に移した。

「とにかく無我夢中で、あんまり覚えていないんだけれど」

そう断って足立君は続ける。

エンジンブレーキ、サイドブレーキ、助手席から操作可能なものはすべて作動させ、無理やり運転席に潜り込んで、ブレーキペダルを手が届く限りに力を込めて押し込んだ。後輩もなんとかハンドルを切ってくれたのだろう。気が付けば、砂利敷きの空き地に突っ込んだ状態で、車は停車していた。

遠くに見えていたはずの信号は、とっくに過ぎていた。そういえば、激しいクラクションの音を聞いたような気もしたが、辺りは既に静まり返っている。なんとか今回も、事故は免れたと安堵する。

「……あぁ、あぁ」

怪我もなく、無事に車が止まったことに後輩も感極まっているのかと思えば、

「足、俺の足が戻っている。良かった、本当に良かった」

何故か自分の両足を、嗚咽しながら撫で続けている。いったい何がおまえに起きていたのかと、足立君が後輩を問いただすと――、

「足が、消えたんです。両足ともすっぱり」

突然ペダルを踏む足の裏の感覚がなくなり、両足がまったく動かなくなった。どうしたことかと自分の足に目をやると、太ももから下が切断されたようになくなっており、誰にも踏まれない二つのペダルが見えていた。何をどうしても、見えない足を動かすことなどできずパニックになったが、車が止まったら足が戻ってきてくれた。冷やかし半分に心霊スポット巡りなどに出掛けた、罰が当たったとしか思えない。

後輩の言葉に足立君は呆れた。

後輩の足は消えてなどいなかった。勝手にひとりで騒いでいただけだ。思い込みと妄想で、消えたと錯覚したのだろうと。

命に関わるような事態に陥ったにもかかわらず、足立君は一切懲りていなかった。

また新たな仲間を誘って、次なる心霊スポットへと出掛けた。

大学のサークル旅行で、足を延ばして赴いた日本海の自殺の名所。昼間は絶景が拝める景勝地だと聞いていたが、深夜過ぎのその場所は暗闇に包まれ、明かりを消すと周囲の景色はもちろん自分の足先さえも見えなかった。

小さな懐中電灯がひとつしかない状態で「ちょっと探検してみよう」と歩きだしたのは、五人ほどのメンバーだった。

足立君は、固まって歩く仲間の後ろから少し離れて歩いていた。つい悪戯心が芽生え、こっそり気づかれぬよう小石を投げて音を立てたり、不気味な声を出したりして、そのたびに子どものように怯えた声を上げ、怖がる仲間たちの様子を見て楽しんでいた。どうせ怪異なんて起きっこない。そう思っていた。

そのとき、

「た・の・し・い・ねぇ」

間延びした低い女の声が、右の耳元から聞こえた。そして——、

べろりと何かが耳をひと舐めした。

舌で耳ごとねぶられるような、びちゃびちゃという音に総毛立つ。

誰よりも先に、車へと逃げ帰った。恥ずかしいほど、情けない声を上げながら。

以来足立君は現在まで、心霊スポットと称される場所には一切近寄っていない。

今ではお化け屋敷もホラー映画も大の苦手となり、怖い話も耳を塞いで逃げ出すという。

体験談を提供してくださった方には、完成した著作を進呈させていただいているのだが、

「絶対読まないし、自宅に置いておきたくないから送らないで」

と、釘を刺されている。

「耳は無理。マジで無理」

最近五十路を迎えた足立氏が、「若気の至りだ」と自省を交えて語ってくれた、昭和の時代の体験談である。

小さな目撃者

生後間もない赤ちゃんが、何もない空間をじっと見つめていることがある。大人には見えない「何か」を見ているのでは――。

そんな話を耳にしたことがある方は、決して少なくないと思われる。

「乳幼児は、大人とは違った視覚で色彩や光の違いを認識しているだけ。霊の存在だとか、まったくナンセンス」

心霊否定派の知人には、そうばっさり切り捨てられたが。

では、視覚機能が安定し始める、三、四歳児以降の子どもたちが「見た」ものは何なのであろう。

ここからは、幼稚園教諭、保育士等の子どもと接する機会の多い職歴を持つ方、育児真っ最中のお母様方から聞くことができた、子どもにまつわる話をお伝えしていきたい。

結婚を機に退職するまで、杏南《あんな》さんは幼稚園の先生をされていた。

当時担当していたのは年少さん組。三歳から四歳になるまでのお子さんが、組分けされたクラスである。

その日は午後から雨になり、外遊びをお絵かきの時間に変更した。「みんなの大好きなものを教えて」的なテーマで、好きなものを描いてもらったという。

クラスの子どもは二十人ほど。人気のキャラクターに、電車やバスの乗り物、家族の姿などを楽しげに描く子らが多い中、気になる様子の児童がいた。

いつもは元気いっぱいのA君が、一向にクレヨンを手にしようとしない。目の前の画用紙もまっさらなままだ。

「あれあれA君、好きなものたくさんありすぎて選べないかなぁ？」

杏南さんが声を掛けると、ハッと顔を上げたA君は、しばらくじっと考えたあと、何かを決意したかのように迷うことなく黒いクレヨンを手に取り、画用紙に向かった。

「A君が描き出したのを確認して、取り敢えずまた教室内を回ったり他の作業をしていたんです。そうしたら、」

数分も経っていなかったと思うと、杏南さんは続ける。再びA君が、おかしな様子を見せている。

画用紙を前に固まってしまっているA君は、気を付けの姿勢でじっと一点を見つめている。視線の先は、雨がそぼ降る窓の外。濡れた遊具や誰もいないグラウンドを見つつ、外遊びができなかった悔しさを噛みしめているのだろうか。

杏南さんは、A君が手掛けていた絵に目を落とした。画用紙の真ん中に小さな長方形が、そしてその枠の中に黒い太い棒のようなものが描き加えられている。いつもは画用紙いっぱいに、あらゆる色のクレヨンを使って豪快な絵を描く、A君のタッチは見られない。

「A君の好きなもの、これは何かな？」

そう尋ねるとA君は、

「違う。これは嫌いなもの」

と吐き捨てた。

「これは嫌い。怖いから」

「そうなんだ。A君、これは何を描いたのかな？」

杏南さんの問い掛けに、A君は言い難そうにこっそりと彼女に耳打ちをしてきた。

「あそこにね、いるの。お外のすべり台のところ。描けって言われたの」

言われた？　誰に？

黒いクレヨンで描かれた棒とその上に乗った球体状の絵は、言われてみれば人の頭と胴体を現しているような気もする。この人物に、A君は「自分を描け」と言われたというのか？

窓の外、A君が「あそこ」と指さした、園庭の隅に建つすべり台に目をやる。赤い屋根が付いた、大型で木製の子どもたちから一番人気の遊具だ。

だがどんなに目を凝らしても、そこに人の姿はない。

ましてやあの場所から、誰かがA君に「描け」などと命令したのだとしたら、教室、いや園内の全員がその声を聞いているはずだ。

杏南さんが返答に窮していると、

「もう描いたからこれはおしまい！　先生、こっちに○○描いていい？」

打って変わって元気を取り戻したA君は、裏返した画用紙に流行りのヒーローを描くのだと張り切ってクレヨンを握る。

描き上げた絵は、いつものA君の画風がさく裂した、パワフルな一枚であった。

「たまにいるんですよ。『お化けを見た』とか『幽霊がいた』とか言い出す子が。でも大抵そういう子たちって、大人に注目して欲しがっているんですよね。御家庭に問題がある子とかに、そういう傾向があったんです」

しかしA君は今まで一切そういった発言はなかったし、最近御家庭に変化があったという報告もない。

「誰かに相談したくって、親しくしていた先輩の先生に絵を見せて、A君のことを話したんです」

すると、

「え？　園庭のすべり台のところに、誰かがいたって言っていたの？」

先輩教諭は驚いた声を上げて、何故か眉を顰める。

五歳から六歳の年長さん組を担当していた先輩教諭。A君が奇妙な絵を描いた同日の午後、彼女のクラスではちょっとした揉め事が起きた。ひとりの女子児童が、

「Kちゃんのママがいた」

と言い出した。お迎えの時間にはまだ早い、雨の降る園庭を指さして。

「いるわけないじゃん」

「でもいたもん」

Kちゃんと女子児童の言い争いになった。

Kちゃんの母親が、園に来られるはずがなかった。彼女が年長クラスに上がった直後、母親は他界していた。その死因の詳細は、園の職員のごく一部にしか知らされていなかったが、若い男と駆け落ちをして起こした心中まがいの自損事故であった。

「すべり台のところに、立っていたんだもん」

そう繰り返す女子児童は、年少組のA君同様、普段はその手の発言をすることなどない、大人しい女児であった。

ちなみに、A君とKちゃんに接点はなく、自宅の地区も離れていたため顔見知りでもなかったという。

杏南さんも先輩教諭も、A君と女子児童のその後の言動に注意をしていたが、それ以降問題はまったくなかった。

「子どもって不思議ですよね」

何故？　どうして？　溢れるように吹き出した謎への答えが、杏南さんのそのひと言に、すべて込められている気がした。

おもだち

大学生になるお嬢さんを持つ和美さん。彼女から、大切なひとり娘・瑛美《えいみ》さんの、幼き日のお話を伺った。

和美さんが待望のお子さんを授かり、無事出産を果たした直後、瑛美さんに先天性の心疾患が見つかった。生まれつきの心臓構造の異常のため、少し泣いただけで全身が紫色になるほどのチアノーゼが出てしまう。当時の和美さんや御主人の心境は、察するに余りある。

しかし、瑛美さんの未来は閉ざされていたわけではなく、一筋の光明があった。適切な外科手術を受ければ、その後の日常生活を問題なく送れるだろうとの診断を受けた。手術には体力が必要となるので、

「一歳を過ぎてから施術をしましょう」

と、担当医師から告げられた。

愛娘が生き延びるための手術。その日を無事に迎えるべく、和美さんは天神地祇《てんじんちぎ》に祈る思いで一年を過ごした。

同様に、孫の健康を願ってくれていた和美さんの母親は、地元の神社で受けた御札を、わざわざ遠方から届けに来てくれた。

教えられた方角の天井の隅に御札を貼る。2Kのアパートで、御札は異質な存在感を放っていたが、頼れるものには何だって頼りたかった。

幼い娘も御札の存在が気になるのか、ふと見ると、じっと視線を天井の隅に向けている姿を、目にすることが多々あった。瞬きさえ忘れているような、「凝視」であった。

「寝かせている位置を変えても、おっぱいをあげているときも、首が折れそうな角度になりながら御札を見ようとするんです」

生後半年未満の幼児の視力は、〇・一に満たないというのに、白い紙に文字が書かれただけの御札に、我が子がそこまで執着するのには何か意味があるのだろうか。

「やっぱり、子どもには大人には見えていないものが見えているんだなって思いました」

家族の祈りが届いたか御札の威力か、瑛美さんの手術は無事成功した。

我が子との新たな人生がスタートしたような、感謝と喜びに満ちた日々を過ごすうちに、和美さんはいつの間にか瑛美さんが、御札を見つめることがなくなっていたのに気が付いた。その代わり——、

「ウチの子、ひとり遊びがとても好きだったんです」

育児において、「子どもの後追い」に悩まされる時期というのがある。一歳前後から、三、四歳の就園して落ち着く頃まで続く場合もある。だが瑛美さんは、母である和美さんを後追いしたり恋しがって泣いたりすることがほとんどなく、いつもひとりで御機嫌で遊ぶようなお子さんだったそうだ。

「それが、『ひとり』遊びというか、見えない『誰か』と遊んでいるようにしか思えなくて」

そんな風に感じてしまうほど、片言のおしゃべりで興じる瑛美さんの「おままごと」などのひとり遊びは、非常にリアルだったという。

「その後、瑛美の幼稚園入園を前に、分譲マンションに引っ越したのですが……」

引っ越し当初、瑛美さんは以前とは打って変わったように、泣いたり癇癪を起こしたりするようになった。

環境が変わったせいだろうとは思ったが、

「おももだちがいない、おももだちがいないの」

と、繰り返すのが気になった。「おももだち」とは、恐らく「おともだち」であることは推測できたが、お気に入りのぬいぐるみや人形は全部新居に持ってきていた。アパート在住時、親しくしていた子もいないし、いったい誰のことを言っているのか。

「そうしたら瑛美がですね、新居の天井の隅を指さして言うんですよ。『おももだちがいない』って」

アパートに貼っていた御札は引っ越しの際、無事に手術が成功した御礼参りとともに、地元の神社にお返しし、お焚き上げをしてもらっていた。

「もしかして、瑛美が言う『おともだち』は、あの御札のことなんじゃないかって」

すぐさま和美さんは実家の母親に連絡をし、新しく御札を持ってきてもらうよう頼んだが、それを新居の天井の隅に貼っても、

「……おももだち、いなくなっちゃったの」

瑛美さんの「おともだち」は、戻ってこなかったようだった。

その後、幼稚園に通い始めた瑛美さんには、リアルな仲の良い友達が増えていった。それに伴い、和美さんには見えることのなかったアパートで出会った「おともだち」の存在

は、いつしか瑛美さんも忘れていったかのように思えた。

瑛美さんが健やかに成長し、高校生になった頃だった。家族で見ていたテレビ番組で、「小さい子には、大人には見えない不思議なものが見えている」

そんな話題が取り上げられていた。そこで和美さんは、

「貴女も子どもの頃、そうだったのよ。覚えている？」

と、瑛美さんに、部屋に貼っていた御札と、見えない「おもももだち」の話をした。

「えー？　何それ。『おもももだち』って滑舌《かつぜつ》悪すぎ」

瑛美さんはまったく覚えていないようだったが、少し考えてからこんなことを口にした。

「これ、聞いちゃいけないことかと思って、今までママたちに聞けなかったんだけど」

慎重に、言葉を選びながら。

「私に、年の離れたお姉ちゃんっていたよね？　お姉ちゃんってどうしちゃったの？　小さい頃の私みたいに、病気だったの？　それで、子どもの頃に亡くなっちゃったの？」

いつも幼い自分のそばにいてくれたお姉ちゃんの面影を、あるとき不意に思い出したのは、瑛美さんが間もなく中学生になるかの頃だった。今までまったく忘れていた理由は分からない。本当にふと、

「あれ？　私のお姉ちゃんって、今どうしているんだろう？」

と、思い立ったのだという。だが、両親からそんな話は一切聞いたことがなかったし、写真も一枚も残されていない。もしかすると、姉も自分と同じように心臓が悪くて、早くに亡くなってしまったんじゃ。哀しい過去を思い出したくないから、両親は姉の存在を封印してしまっているのではないか。

そんな風に考えていたのだと、瑛美さんは和美さんに告げた。もちろん、そういった事実はない。和美さん夫婦の実子は、瑛美さんひとりである。

「私には見えていなかったけれど、娘のそばに、その子はちゃんと存在していたんでしょうね」

和美さんは追想するような面持ちで、娘さんの「おももだち」について語り終えた。

園児は見た

長年、保育士としてお勤めしていた仁奈《にな》さん。

彼女にとって、保育士の資格取得を目的に通った大学の同級生は、卒業後採用された園は違っても、仕事の悩みを相談できる大切な同業の友人であった。

仁奈さんが、保育士仲間から聞いたという話を綴っていく。

マドカさんが縁あって新しく赴任した保育園は、墓地の隣に位置していた。だが園の建設時に、配置にも気を配ったのであろう。園庭からも保育室からも、立ち並ぶ墓石や卒塔婆が視界に入ることはなかった。にもかかわらず、マドカさんは赴任当時から、園全体を包む空気に、言いようのない違和感を覚えていた。

具体的な要素としてまず感じたのは、子どもたちの口から度々上がる「知らない子の名前」であった。

「○○ちゃん、次は何する?」

「今度は[redacted]君の番ね」

担当のクラスの子の名前は、もちろん全員把握している。それに該当しない名前が幾つも、遊びに夢中の子どもたちから時折聞こえてくるというのだ。

「『ごっこ遊び』をしているときの会話って特有のニュアンスがあるんですけれど、それとは明らかに違った感じで、リアルにその名前を呼んでいたんですって」

マドカさんの当時の状況を、仁奈さんはそう代弁する。

「その園には、見えない子どもたちがいて、園児と一緒に遊んでいる」

勤務を続けていくうちに、マドカさんはそんなことをひしひしと感じるようになった。

それを決定づけたのは、ある日の遅番での出来事だった。

お迎えの時間が遅くなると、保護者から連絡のあった女児と、マドカさんは二人で園に残っていた。待ちくたびれて機嫌が悪くなり始めた女児の気分を変えようと、園内を一緒に巡回しながら戸締りを行うことにした。

仕事を与えられたことに気をよくした女児は、張り切って各教室を回っていったが、とある教室ではたと止まり、じっと一点を見つめたまま動かなくなってしまった。彼女の視線の先には、何の変哲もない園児が使用するロッカーが並んでいるだけ。

「どうしたの？」

ただならぬ様子に声を掛けると、女児はゆっくりと首だけでマドカさんを振り返った。さっきまであんなにはしゃいでいたのに、今は表情から感情がまったく読めない。女児は、その無感情な面持ちのまま近づいてくると、マドカさんの手を取り、ロッカーの方へと導いていく。そして、マドカさんの右手の手首を掴むと、

「はい。先生も、●●君と握手」

知らない子の名を呼び、その子と手を握らせようとしてきた。

「あ、ほら。そろそろお迎えが来る頃だよ。玄関でお靴履いて待っていようか？」

マドカさんは無理やり話題を変え、女児を抱きかかえ、慌ててその教室をあとにした。

女児が言う●●君の姿は、マドカさんには見えなかった。

だが、差し出した手のひらにそっと添えられたような、少し湿った生温かな柔らかい感触は――、
子どもの手であったとしか、考えられなかったという。

女児の保護者が到着し降園すると、マドカさんは逃げるように帰宅した。明かりを落とした保育園の建物を、絶対振り返ることなく。最寄り駅を利用する人の流れに合流するまで、全身を襲った悪寒と腕に現れた鳥肌が消えなかったとのことである。


仁奈さんが勤務していた保育園にも、特筆すべき逸話があった。

二階建ての園の建屋、一階の端に位置する保育室では、少々変わった習慣が存在していたという。

お昼寝の時間、他の教室では寝相が悪い子が転がってもいいように、隙間を作らず布団同士を密着させて並べていたのだが、その教室でだけは先生同士の暗黙の了解で、違った配置で布団を敷いていた。

部屋の中心部分の床に、四角く空間を設け、その周囲にパズルをはめ込むように、縦横にして布団を並べていく。部屋の中央に布団を敷かないことには理由があった。

「そこでお昼寝する子が、高確率でうなされるんです」

仁奈さんによると、以前普通にその場所にも布団を敷いていた際、そこで横になった子はなかなか寝付けなかったり、怖い夢を見たと言ってうなされたり、泣きながら起きたりすることが続いたのだという。

「その場所だと、みんなの中心に寝ることになるから、他人の視線とか気にしちゃう繊細な子には向かない場所なのかと思って」

ならばいつも寝付きも寝起きも抜群によく、寝ぼけてぐずることもない子を中心に配置してみたところ、

「ずっと眠れなくてもぞもぞしていると思ったら、『気持ち悪いの』って言ってトイレで戻しちゃったんですよ」

そんなこともあって、その教室を受け持つ保育士たちは、次第に皆、部屋の中心を避けるようにしてお昼寝布団を並べるようになった。園児のお昼寝の時間は、連絡帳や日誌を書くための貴重な時間でもある。静かに穏やかに休んでくれれば、それに越したことはない。

「変な磁場があるんじゃないのかとか、風水的によくない場所なのかと、色々考察を出し合っていたんです」

保育士たちの間では、その場所を「ダークスポット」と称したりもしていた。

とある年度のことだった。

その年、この教室を利用するクラスを担当していた保育士から更なる報告が上がった。

「『変なおじさんがいた』って、子どもたちが言い出すようになったんですよ。それも、教室の真ん中を指さして」

洋服だけではない。顔も手足も全身緑色の中年男性が、ダークスポットと称していた教室の中央に、ただじっと立っていると、怯えた声で伝えてくる園児が数人続いた。そんなとき担当保育士は、

「困ったおじさんだねぇ。迷子になっちゃったのかなぁ？　はーい、お帰りはこちらでぇす」

わざとおどけた声で窓や扉を開けて「なんとか換気してしまえ」と考え、行動に移した。

すべての報告を受けても、園長先生ははっきりとは園が建つ土地に関する謂れを言及することはなかったのだが、先祖代々近隣に住み続けていた児童の保護者によると、遥か昔には現在園舎が建っている場所は一面湿地帯で、深くて暗い「底なし沼」だと呼ばれ避けられていたような湖沼《こしょう》が存在していたらしい。

子どもらの前にのみ現れる緑色の男性とその沼との繋がりは、想像の域でしかないが、

無関係とは言い難いのでは――。

口外こそしないものの、先生方はそのことを密かに心に留めつつ、中央を空けた配置で布団を並べる日々を送っているという。

私のお雛様

弥生三月雛祭り。
女児の健やかな成長を願う「桃の節句」といえば「雛人形」。
そんな「お雛様」にまつわる話を、幾つか綴らせていただく。

東京在住の主婦・嘉奈さんの御出身は九州の大分市。高校卒業後、福岡の大学に進学するためにひとり暮らしを始めた。
何しろ隣県なので、帰ろうと思えば頻繁に里帰りできる距離ではあったが、かえってそれが実家に帰る機会を少なくしていたのかもしれない。講義にバイトにサークル活動とスクールライフを満喫し、ごくたまに帰郷したとしても、日帰りでちょろっと家族に顔を見せる程度。

あっという間に月日は流れ、嘉奈さんがようやくゆっくり里帰りをしたのは大学四年の終わり。東京への就職も決まり、卒業を待つだけとなった二月の学年末休暇の頃だった。

二階の自室は既に、自宅で人形教室を開いている母親の物置と化していたため、一階の客間で寝泊まりすることにした。

客間には桃の節句に向けて、雛人形が飾られていた。色鮮やかな緋毛氈《ひもうせん》の上に並べられた豪華七段飾りのお雛様は、木目込み人形製作の講師をしている嘉奈さんのお母様の手作りによる人形たちだ。嘉奈さんと三歳下の妹さんの幸せを願って、丹精込めて作られた雛人形。嘉奈さんが、実家の壮観な雛飾りを見るのも久しぶりのことだった。

夜になり、六畳和室の客間の雛壇の前に布団を敷いて休む。すぐ頭の上に並ぶ雛飾りに、

(地震がきたら脳天直撃だな)

と、思いながら。

幸い地震は起きなかった。

しかし、耳に届いた小さな物音が、嘉奈さんの眠りを覚ました。

畳を擦る衣擦れの音。ごく微かな音だったが、着物の裾を擦って歩くような音が、頭の近くから聞こえてくる。それもひとりではない。複数人の音が左右から。

身体の自由は利いたけれど、音の正体を確かめるのが怖くて、嘉奈さんは目を開けることができなかった。

翌朝目覚めると、真っ先に雛飾りに目をやった。人形が動くわけがないとは理解していたが、この部屋の中で着物を着ている人物といえば、雛人形たちしか考えられなかったからだ。

お内裏様はすまして座っている。三人の官女も昨日とまったく変わりなく見える。しかし、三段目の五人囃子は――、
正しく言えば、嘉奈さん宅のお雛様は「五人囃子」ではなく「五楽人《がくじん》」であった。五人囃子は名前の通り「お囃子」を奏でる楽士の人形だが、「五楽人」は「雅楽」を演奏するため手にする楽器が異なる。更にお母様の手によって、嘉奈さんが実家の雛人形を見る機会のなかったこの数年の間に、「琵琶」と「琴」を演奏する人形が加えられ、「五楽人」は「七楽人」に増員していた。

雛壇の三段目にきっちり真っすぐ前を見て並んでいたはずの、この新たに加えられた両端の二体のみが、不自然にも外側を向き、壇から落ちそうになるほどずれていたのだった。

「あまりにも実家に寄り付かない長女の顔を、じっくり拝んでやろうとしたんじゃない

の？」

昨夜起きた出来事を家族に話すと、その頃まだ実家に住んでいた妹からは茶化されたが、作り手の母親は、

「人形が動くわけないじゃない。地震よ地震」

真顔でそれを否定した。家族の誰も揺れに気づかず、十七体の雛人形のうち二体だけが動く地震があるものかと、当時の嘉奈さんは大いに不満であったという。

その後嘉奈さんは、就職先の東京の地で出会った男性と結婚し、二十年以上が経過した。実家の雛人形たちとはもう長い間、対面できずにいる。

「あまりにも時間が過ぎちゃったから、今度は二体だけじゃなくて十七人全員が歩き回ったりしてね」

そう朗らかに、嘉奈さんは語ってくれた。実に微笑ましいエピソードである。

まるで微笑ましくないエピソードもある。

五十代の主婦である紀代美さんは「自分は晩婚だった」と語る。

結婚当時の年齢は三十歳。昨今ならそれほど遅いともいえない年齢ではあるが、バブル

期の一九八〇年代後半、女性の結婚適齢期の年齢がクリスマスケーキに例えられていたあの時代は、二十五歳を過ぎれば「晩婚」というイメージが当事者の間にはあったのだ。

「周りの友達はどんどん結婚していくのに、なんで自分だけ？　って結構焦ったよね」

付き合った男性は片手では足りないほどいたが、その誰とも長くは続かず、友人たちも気を使ってか、独身の男性を紹介してくれたりもしたけれど、残念ながら結婚まで話が進むことはなかった。

「紀代美は性格もいいし見た目もそこそこだし、意外に家庭的なのに、なんで上手くいかないんだろう」

友人たちは一様に首をひねったが、誰よりもそれを疑問に思っていたのは紀代美さん本人だった。

募る焦りがピークに達したのは、二十八歳の頃だった。これが最後の恋だと信じていた男から裏切られた。己の不幸を呪い、恋愛成就のために全国の縁結びの神社を行脚しようかとまで考えた際、ふと紀代美さんは思い立った。

私が結婚できないのは、「お雛様」のせいじゃないのかと。

幼い頃の記憶の中では、紀代美さんの自宅では、毎年桃の節句を前に「お雛様」が飾られていた。男雛と女雛のみの親王飾り。小学校に上がる頃には、何故かもう飾っていなかった気がする。雛祭りを控えた時期には、「お雛様出して」と頼んだこともあったが、母親は「そうね、飾らなきゃね」と答えながらも、行動には移してくれず、そのまま雛人形なしの三月三日を迎えるのが、当たり前になってしまっていた。

「思考がもう神頼みになっていたからね。私が結婚できないのは、お雛様を飾っていないからだって思い込んじゃったのよ」

三月三日の雛祭りが過ぎても、雛人形をなかなか片付けないでいると、娘の婚期が遅れてしまう。

それはよく聞く言い伝えだ。だが片付けるどころか飾りもしなかったら、婚期は遅れまくるに決まっている。

そう結論づけた次の年明け。今年こそは雛人形を飾ろうと、まずは人形のありかを母親に尋ねたが、彼女の返事は「覚えていない」と素っ気ない。その頃になると、母親がその雛人形に愛着を持っていないことを、紀代美さんは理解し始めていた。

雛人形は、亡くなった父方の祖母の手作りの品だった。

「本当なら、ウチの実家から贈ってもらうはずだったのに」

「私も一緒に選びたかったのに」

母親の口から、姑である亡き祖母への雛人形に関する愚痴も聞かされた。更に母親は、同居していた祖母から陰湿な嫁いびりを受けていたことまで紀代美さんに明かした。

坊主憎けりゃ袈裟まで憎い。紀代美さんが物心付く前に亡くなった姑への恨みが、雛人形にまで向けられていて、母親は「見るのも嫌」となっているのだろう。

しかし、人形に罪はない。しまい込んだままでは可哀想だし、何しろ雛人形は自分の縁結びの頼みの綱でもあるのだ。勢い込んだ紀代美さんは、なんとか雛人形を探し出そうと家中を捜索した。

物置の奥深くに、ようやく目的の品を見つけ出した。ミカン箱大の段ボールは黄色く変色し、虫に食われたのかところどころ空いた穴から覗くガラスケースは、記憶の片隅に残っていた我が家の雛人形に間違いなかった。

「きっとカビだらけよ。このまま処分しちゃいましょうよ」

嫌悪を隠そうとしない母親を尻目に、段ボールに掛けられていた紐をほどき、ガラスケースを取り出すが、

「確かに、これじゃ飾れないね」

中を見て、落胆した。二十年以上物置で眠っていた人形は、二体とも白かったはずの顔が灰色のまだらに変色している。着物も色あせ、黒ジミが目立つ。母親の言う通り恐らくカビだろう。そして素人の手作りゆえの未熟な技術のせいか、女雛の着物が胸元から大きくはだけ着崩れている。

木製の身体に彫り目を入れ、そこに布を押し込むという工程の「木目込み」で作られた、「立ち雛飾り」と分類される立ち姿の、身長三十センチほどの雛人形。男雛は奴凧《やっこだこ》のように両手を横に伸ばした姿で、女雛はこけしに似た円柱形のシンプルな形状であった。

なんとか修理できないものかと、ケースを開け、女雛の方を取り出してみると、はだけた着物の布の隙間から、小さく折り畳まれた紙片が押し込まれているのが見えた。素材は半紙のようなものか。書かれた文字がうっすらと透けて見えている。

深く考えずに紙片を開くと、メモ帳ほどの大きさの紙片に、草書体でびっしりと文字が書き込まれていた。

だが、ミミズの集団のような文字の中に、紀代美さんにもはっきりと認識できる漢字があった。

それに気づいた瞬間、言葉にならない叫び声を上げて、母親が紀代美さんの手から紙片を奪い取った。

「あのクソ婆ぁ」

いつもは穏やかな母親が、目をむき、憎しみに満ちた口調で罵りの言葉を吐くと、紙片をビリビリに引き裂いた。

千切った紙片を灰皿に入れ、躊躇せずにそこへマッチの火を落とす。あっという間に黒く焦げて灰になった紙片の残骸を見つめ、母親が低く呟いた。

「忘れなさい」

しかし、紙に書かれていた文字の中に紀代美さんが判別した「呪」と「死」の二文字は、彼女の脳裏からしばらく消えることはなかった。

「最初から、こうすればよかった」

すぐに母親は伝手を辿って、供養を請け負ってくれた寺院に雛人形を送りつけた。

何故あんな物騒な文字が書かれたものが、祖母の雛人形に？

その質問を母親にぶつけていいものかと悩んでいると、母親は自分からぽつりぽつりと、紀代美さんがまったく知らなかった祖母の一面を教えてくれた。

「紀代美を生んだときにね、あの人にとっては初孫だったのに、喜んでくれるどころか、お母さんね『嫁失格』って罵られたのよ。跡継ぎを生まなかったからって言ってね」

産後の肥立ちが悪く、日常生活もままならない状態であった母に向かって、

「早く二人目を」

「次は男の子を」

と、顔を合わすたびに祖母は命じてきたという。

「でも赤ちゃんの頃の貴女は、とにかく身体が弱くてね。世話や看病に忙しくて、二人目を考える余裕なんてなかったのよ」

ゼロ歳児の頃に、風邪をこじらせ肺炎にかかり死にかけたという自分の話は、以前母から聞かされていた。その他にもすぐ熱を出したりお腹を壊したり、幼少の頃の紀代美さんは、とにかく手のかかる子であったらしい。

「貴女がいなくなれば、二人目を作る気になるだろうとでも考えたのかしらね」

思えば、「雛人形は私が用意したわよ」と、初節句を前に祖母から自慢げに渡されたときから、あの人形はどこか薄気味悪かったと、母親は述懐した。

「あんなものを仕込んでいただなんて」

人形供養の効果か、はたまた悪意に満ちた紙片を焼却したからか、それともただの偶然

か、後日友人の紹介で知り合った男性と意気投合した紀代美さんは、順調に交際を続け、わずか半年で結婚が決まった。

更に、紀代美さんの身体にも嬉しい変化があった。

「大学生の頃から、婦人系の病気のトラブルがあったんだけれど、ブライダルチェックで検査したら、子宮にできていたポリープがすっかり消えていたの」

その後紀代美さんは、三人の元気な男の子に恵まれ、優しい御主人とともに順風満帆な人生を歩んでいる。

「いい気持ちはしない話だけれど、死んだおばあちゃんには特に何の感情も持っていないかな」

紀代美さんは語る。

「だってこういうのって、幸せになったもん勝ちじゃやない？」

ビデオ通話の際、パソコン画面の向こうでそう言って笑う彼女に、大きく頷いた次第である。

最後に、筆者自身の雛人形にまつわる体験談をお聞きいただきたい。

あの悪夢の一日から、既に十一年もの年月が経ったとは――。

時の流れの速さには驚くばかりだが、当時の記憶はいまだ消えることはない。

二〇一一年三月十一日、東北地方三陸沖で発生した巨大地震により引き起こされた未曾有の災害、東日本大震災。

東北に隣接する北関東の栃木県も、大きな被害に見舞われた。県北の一部地域は地盤の弱さも原因のひとつか、震度六強の強い揺れが観測された。七万棟以上の家屋が損壊し、建物の倒壊や土砂崩れによって命を落とされた方もいる。栃木県内で震度六強を記録した五市町のうちのひとつの町に、私は家族と暮らしていた。

午後二時を回り、小学校に通う二人の息子がそろそろ帰宅する頃だなと、近づいてきた春の季節に向けて、鼻歌交じりに夫婦の寝室でひとり衣替えの作業をしていた際、突然、足元から突き上げるような衝撃が襲った。

地震大国・日本で暮らす経験上、

（これは大きいのが来るぞ）

と、すぐさま判断し身構えたものの、続けて起こった横揺れは、まるで大男が家ごと掴んで横にシェイクしているような、想像を絶する激しさだった。長方形のはずが、平行四辺形に歪む壁。天井と壁の境目に取り付けられた、廻り縁の木材が次々と震動で剥がれ落ちていく。

(外に出なくちゃ)

築二十年近い、木造二階建て一軒家の我が家。この激しい揺れで、潰れてしまうのではないか。

不安になった私は、震動のせいでおぼつかない足取りのまま、玄関へ向かうため階段を目指そうとしたそのとき、

「来ちゃダメ！」

階下から声が聞こえた。誰の声かは判別が難しいほど短く、鋭いひと声。辛うじて女性の声だとは分かった。でも我が家に女は自分ひとりだ。ではいったい誰が？

考える間もなく、外から響いてきた太鼓を乱打するような落下音に窓へと目を向けると、見たことのない景色がカーテンの向こうに広がっていた。

(……黒い、雪？)

雪にしては少々大きかったが、窓の向こうを空舞う雪のようにゆっくりと、黒い物体が幾つも落下していく。あとから判明したが、それは屋根から落下した瓦だった。ゆっくり

に見えたのは、視界をスローモーションにとらえていたからではなく、地震の揺れによって屋根から放り投げられるように落ちていたから、緩やかな速度に見えたのではないかと思われる。

続けて聞こえてきたのは、ガラスが何者かによって叩き割られたような破壊音だった。

自宅の周りで何が起きているのか。飛び出して確認したかったが、先ほど聞こえた「来ちゃダメ！」の声が耳に残り、私の足を止めていた。

六分間以上続いたとも記録されている本震は、私には一本の映画の上映時間ほどにも感じられた。過去の思い出、これからの人生。終わらない恐怖に耐える中、様々な思いが脳内を巡った。

ようやく揺れが収まり、辺りは無音になった。

「すみませぇん」

ひとりのはずの自宅でそんな声を上げたのは、制止の声を発した誰かが家の中にいるのではと考えたからだ。玄関はいつも施錠してあるし、御近所さんとはそこまで親しい付き合いはないにもかかわらず。

声掛けに反応はなかった。壁から落ちた木材を避けながら、恐る恐る寝室を出て階段から玄関を覗くと、扉のない靴箱から飛び出したスニーカーやブーツで土間が埋め尽くされ、靴箱の上の写真立てや飾ってあった小物たちも倒れたり落ちたりと無残な状態になっている。だがそこに、やはり声の主はいない。

余震の恐れもあるだろう。今のうちに脱出口を確保せねばと玄関の引き戸を開けて外を窺うと、そこには更なる惨状が待ち受けていた。アスファルトの道路に散らばった屋根瓦の残骸、すぐ左隣の家のブロック塀はすべて崩れ落ち、瓦礫が積み重なっている。一番衝撃的だったのは、玄関の真上の二階の子ども部屋の窓が枠ごと落下し、粉砕していた様《さま》だった。金属の窓枠はひしゃげ、ガラスは木っ端みじん。もし地震発生直後、二階から駆け下り玄関を飛び出していたら、屋根瓦だけではなく、この外れた窓も、脳天を直撃していたかもしれないと思うと震えが走った。

会社にいる夫は無事だろうか、子どもたちの小学校に被害は出ていないだろうか。取り敢えず次の行動に移さねばと、玄関に戻ると、靴だらけの土間にある物を見つけて歩みを止めた。

靴箱の上に飾っておいた、陶器でできた一対の雛人形の男雛の方が、顔が欠けてしまった状態で落下していた。三月三日の雛祭りを過ぎても飾っていたことを後悔した。既に結婚しているのだから、婚期が遅れることなどないし、春らしくていいではないかと、そのまま飾っておいたのだ。

土間に女雛の姿は見当たらなかった。無事でありますようにと、飾ってあった棚に目を走らせる。

だが願いは虚しく、そこには上半身が粉々に砕け、中の空洞がむき出しになった女雛が、無残な姿で残されていた。

幸い家族四人とも無事だったが、地震による断水、停電、そして余震の恐れを理由に、数日の間、車中泊を余儀なくされた。半壊と判定された自宅を修繕しながらの不便な暮らしは長引き、しばらくは壊れてしまった雛人形のことは忘れていたのだが——。

ようやく生活が落ち着き、東京で暮らす実家の母親と電話で会話を交わした折、ふと思い出し、震災で雛人形が破損してしまった件を伝えた。粉々に割れてしまった雛人形は、震災前に夫の仕事の関係で三年ほど海外で暮らしていた際に、母が日本からわざわざ送ってくれた人形だった。顔つきも着物のデザインもモダンな洒落た人形で、海外で飾るのだから、純和風のデザインでも良かったのにとも思ったが、母の気持ちが嬉しくて大切にし、日本にも大事に持ち帰ってきたのに、震災のせいで修繕のしようがないほどに壊れてしまった。

電話口で嘆く私に、

「それは、お雛様が貴女の身代わりになってくれたのよ」

当然だとでもいうように、母は告げた。

改めて当時の状況を考えると、母の言葉に同意せざるを得なかった。男雛は棚から落下して破損していたが、女雛の壊れ方は少々妙だった。雛人形を飾っていた玄関の棚の、周囲の壁からも天井からも落ちた物はないのに、棚の上で女雛は、まるで頭部のみが内側から破裂したように、上半身だけが粉砕していた。

そして聞こえた、「来ちゃダメ！」の声。

あの制止の声がなかったら大怪我をしていた可能性を考えると、出来過ぎた話ではあるが、壊れた女雛は「災厄を引き受けてくれる」という本来の人形としての役割を、果たしてくれたのかもしれない。

「新しいお雛様を送ってあげようか？」

母は、そう提案してくれたけれど、私は「今はいいかな」と断った。

たとえ本来の役割だとはいえ、雛人形がまた自分の身代わりとなって壊れてしまうことがあったらと思うと胸が痛み、「送って」とは即答できなかったのだ。

あれから月日は流れ十一年。

春の訪れに、「そろそろ自分の雛人形が欲しいな」と考えるようになった。

新しい年の桃の節句の前には、是非手に入れたいと思っている。今度は陶製ではなく、ちりめん細工の雛人形を狙っている。

割れて砕けてしまうことのないように。

しずむ

手を伸ばせば、そこに当たり前にあるもの。

一歩を踏み出したら、当然のように続くはずの足元の道。

それが突然、消えてしまったとしたら――。


地方の専門学校を卒業し、母親が経営するサロンで美容師として働くAさんという女性からこんな話を聞いた。

Aさんの同期の友人・乃亜《のあ》さんは、ヘアメイクアーティストとしてより上を目指したいと、卒業後は上京して、人気サロンでアシスタントして働き始めた。

が、わずか二年で乃亜さんは地元へUターンをし、美容業界とはまったく離れた職種に再就職した。

都会での仕事はそんなに辛かったのか、もしやいじめにでもあったのではないか。Aさんは心配半分、興味半分で彼女から話を聞き出そうと飲み会の場を設けた。

最初は言葉を濁していた乃亜さんも、お酒が回り始めるとぽつぽつと転職の理由を語りだした。

「……指がね、沈むのよ」

そう言って、乃亜さんは自分の指先を差し出した。彼女によると、東京のサロンで働くようになった当初、その店のとある常連さんのシャンプーを初めて担当したところ、頭皮を滑らせていた指が、いきなりお客さんの頭の中に沈み込んだのだという。

じゅぶり、と。

そこに頭蓋骨など存在しないかのように、ひき肉の塊に指を差し入れた際に似た感覚が、両の手の指に走った。

「ひっ」と息を呑んで、乃亜さんは即座にお客さんの頭から指を引き抜く。すると、

「どうかした？」

シャンプーの手が止まった上に、乃亜さんの恐怖が年配のマダムであるお客さんに伝わったのか、顔に掛けたガーゼの下から訝しげな声で尋ねられたが、まさか「貴女様の頭

の中に、私の指が第二関節辺りまで埋まりました」とは言えない。

「申し訳ありません」

詫びを入れ、恐る恐るシャンプーを再開するが、また指が頭に沈み込んだらと思うと怖くて、指の腹が触れるか触れないかのタッチしかできない。

「もう少し強めでもいいわよ」

そうリクエストを受けながらも、結局割れ物を扱うような対応でシャンプーを終えてしまった。

月に一度はサロンを訪れているというそのマダムが、それ以降三か月ほど予約がなかったことを、「自分のせいだ」と乃亜さんは落ち込んだが、後日、マダムとプライベートでも仲良くしていた先輩スタイリストが、他のスタッフと雑談を交わしていたのを耳にした。

体調を崩して病院に入院したマダムは、そのまま容態が急変し、他界されたのだと。

それを聞いた際、乃亜さんは両手の指先に、マダムの頭に沈み込んだ感覚が蘇ったという。

美容学校でも、アシスタント同士で練習をしていたときも、他のお客さんを担当したときも、シャンプーの際にあんな現象は一度も起きたことがなかった。あの奇妙な体験とマダムの死には、何か関係があるのだろうか。

そんな思いを胸の片隅に秘めながらも、乃亜さんが仕事に励んでいたある日——、再び指が沈んだ。

やはりリピーターの女性客。今度は二十代の若いお客さんのシャンプー時に。

(悪いことが起きませんように)

乃亜さんの願いは叶わず、事件は起きた。そのお客さんは、店の男性スタッフに付きまとい行為を続けた挙げ句、相手にされないことが分かると自殺未遂を図ったのだ。

二回ともただの偶然。指が沈み込んだのも、きっと自分の幻覚。

乃亜さんはそう思い込もうとしたが、生温かい指先の感触は忘れることができない。

結局乃亜さんはそのサロンを、そして美容師という仕事も辞めてしまった。仕事場であるサロンに出向くと、手の震えが止まらなくなったのだという。店を変えても、もうシャンプー台に立つことはできないだろうと。

そんな奇想天外の話があるものか。慣れない都会暮らしで溜まったストレスが、彼女に悪い夢でも見せたに違いない。

話を聞きながら、Aさんがそんな風に考えていると、

「私の話、信じていないでしょ？　だったらアンタの髪も洗ってやろうか。沈むかもね、指が」

心の内を読んだかのように、乃亜さんに凄まれた。

Aさんの知る彼女は、そんな乱暴な口の利き方をする子ではなかったのに。

自分の髪を洗うのも嫌で、自慢の黒髪をベリーショートに短くしてしまったという乃亜さんとは、少し距離を置くべきだろうかと、Aさんは思案している。

続・しずむ

子どもは汚すのが仕事。多少のやんちゃに目くじらは立てない。

これは、絹江さんご夫婦共通の、我が子に関しての育児方針であった。

御長男がまだ幼稚園生だった当時、雨上がりの午後、園にお迎えに行った際の話だ。

エネルギーのあり余った園児たちの多くは、降園後も園庭で少々遊んでから帰るのが常だった。保護者にとっても、子どもらを見守りながら親同士で様々な情報交換ができるその場は、非常に有意義な時間でもあった。

土の園庭は水はけが悪く、まだところどころに大きな水たまりが残っている。しかし子どもたちにとってはそれさえも、格好の遊び場だ。水たまりに手を突っ込んで泥遊びをする子、思い切りその場で足踏みをして泥水を派手に飛ばす子。

絹江さんの息子さんはといえば、格段に大きく深い水たまりを目掛けて、まるで走り幅跳びでもするように御丁寧に助走を付けてジャンプをし、どれだけ泥水を豪快に跳ねさせることができるかを友達と競っている。

こんなこともあろうかと、レインコートを着せたまま遊ばせていたし、足元も長靴なので、被害は少ないと思われる。頑固な汚れも、ママ友からの情報を元に購入した、泥汚れに強い石鹸を自宅に常備しているので問題はない。

なので絹江さんは、思う存分息子さんに泥水遊びを満喫させていた。

そこへ、

「僕もやるぅ」

息子さんと同じクラスのY君が駆けてきた。楽しそうに友達が遊ぶ姿を見て、彼も水たまりへダイブしたくなったのだろう。だが、

「いけません！」

我が子にタックルするかの勢いで、それを止めたのはY君ママだった。

「そんな遊びしちゃダメ！　さぁもう帰るよY君」

園児とはいえ男の子が全力で抵抗すれば、結構な力を出す。にもかかわらず、小柄で細身なY君ママは、「いやだ！　僕も遊ぶ」と暴れるY君を羽交い絞めにすると、引きずる

ように連れて行ってしまった。

意外であった。活発な男児のY君を、日頃Y君ママは絹江さん同様自由に遊ばせて、大らかなお母さんだという印象があったのに。

虫の居所でも悪かったのかしら。

二十四時間フル回転の育児業において、そんなこともあるあると、絹江さんはさほど気にはせずこのことを流した。事実、その後Y君ママがY君をヒステリックに怒る姿は見かけなかった。

後日、園のボランティアで、子どもたちの写真の仕分け作業に絹江さんが出向いた際、空き教室でY君ママと二人きりで作業をする機会があった。

たわいのない会話を続ける中、ふとY君ママが声のトーンを変えた。

「みんな私のこと、おかしいってと思っていないかな？」

いきなりの質問に驚いた絹江さんが「どうしてそんな風に考えるの？」と尋ねると、Y君ママは絹江さんがとうに忘れかけていた、雨上がりの園庭での一連の行為をずっと気にしていたのだと告げた。

「なんで私があんなにむきになって止めたのか、聞いてくれる？」

そう言ってY君ママは、彼女自身が体験した不思議な話を語り始めた。

Y君ママには、大好きな従姉妹がいた。優しくて面倒見が良くて頼りがいがあって、年齢はほぼ変わりなかったものの、ひとりっ子だったY君ママは彼女を姉のように慕っていた。夏休みに父方の実家に親戚が集まる際、一緒に遊べることを毎年楽しみにしていた。

とある夏の日、激しい夕立が通り過ぎたあと、もうひと遊びしようと従姉妹と外に出た。田舎の実家のお屋敷の前は、きちんと整備されていないガタガタの砂利道で、あちこちに大小の水たまりができていた。

先にその遊びを始めたのは従姉妹の方だった。石けりの要領で「けんけんぱ」と言いながら、片足飛びから最後に両足で水たまりにジャンプする。Y君ママもあとに続いた。まだ蒸し暑さの残る夕暮れの、気軽な水遊びだ。

水たまりを辿りながら、砂利道を進んでいく。

ひときわ大きな水たまりにY君ママがジャンプすると、従姉妹も同じ水たまりを目指し飛ぼうとした。

「けん、けん、ぱ――」

「ぱ」の声と同時に、従姉妹の絶叫が響き渡った。反射するようにY君ママも、目の前の光景に叫び声を上げた。

水たまりにジャンプした従姉妹の両足が、太ももの辺りまで地中に沈み込んだのだ。穴があったわけではない。現にY君ママが従姉妹の元に咄嗟に駆け寄っても、沈んだりはしなかった。

Y君ママは無我夢中で従姉妹の手を引っ張り、従姉妹も必死に上半身だけで這い出して、なんとか水たまりから脱出することができた。いったい何が起きたのだと、拾ってきた木の枝で恐る恐る水たまりを突いたり小石を投げたりしてみたが、それらが沈むことはなく、従姉妹の足を飲み込んだ水たまりは、ただの水たまりに戻っていた。

時間にすれば一分にも満たない出来事であったし、夢だったのではないかと思うような事態だった。

だが後日、一年もしないうちに従姉妹は股関節の痛みを訴え、診察の結果歩くどころかまったくの安静を余儀なくされた。入退院を繰り返し、大人になった現在は歩行にはほぼ支障はなくなったものの、子どもの頃に抱いていたバレリーナへの夢を早々に諦めざるを得なかったことは、今でも従姉妹の心のささくれになっているという。

「だからね、水たまりにはつい神経質になっちゃうの」

Y君ママの告白に、絹江さんはどう反応していいか分からずに「なるほどねぇ」と曖昧な返事でやり過ごした。

その後絹江さんが知る限り、園庭に水たまりが残っている際には、Y君親子は外遊びをせずに風のように降園していくことが、卒園まで続いたそうである。

愛を叫ぶ

看護師歴二十年になる久恵さんから聞いた話だ。

彼女がまだ新人の頃に勤めていた北関東の大学病院には、心臓外科の名医として評判の先生がいた。彼の診療を希望して、多くの患者さんが全国から治療に訪れる。二十代の女性・安斉さんも、そんな患者さんのひとりだった。

子どもの時分に見つかった心臓病のため、幾度か手術を繰り返し、名医と呼ばれる件の先生のあとを追って、東京から家族で移住し、診察を受けていた。

久恵さんが、心臓外科の入院病棟に配属された際、安斉さんは既に意識不明の寝たきり状態であった。数週間前に受けた新たな心臓手術後に意識が戻らず、様々な検査の結果、血糖値の低下が原因だと判明したが、長年の闘病生活で弱った身体に回復の兆しは見られないまま、悲しいかな安斉さんは緩やかに、生の終わりへと向かっていた。

ついに脳波の反応が消え、脳死が判定された際、病室には先生と安斉さんの母親、そして看護師の久恵さんがいた。

間もなく心拍も停止し、死亡が確認されるであろうという際に、

「最後に、この子が好きだった曲を、流してやってもいいですか？」

母親からの申し出があった。昏睡状態のときから、回復を祈って何度も耳元で流していた、安斉さんの大好きだった当時のヒット曲、DREAMS COME TRUE の「LOVE LOVE LOVE」を、もう一度だけ聞かせてあげたいというのだ。

覚悟していた娘の死と言えど、そのショックは計り知れない。「どうぞ」と答えた先生とともに、母親が操作する小さなＣＤラジカセから流れてくる吉田美和嬢の歌声を、久恵さんもその場で聴きながら安斉さんの安らかな眠りを願った。

すると、誰もが目を疑うような驚くべき現象が生じた。

ベッドに横たわっていた安斉さんの上半身が、ゆっくりと起き上がったのだ。そして閉じていたはずの目が薄く開き、右の目からツーっと涙が一筋、頬を伝う。

久恵さん、先生、そして安斉さんの母親が、突然の出来事に呆然と立ち尽くす中、「LOVE LOVE LOVE」の曲をＢＧＭに静かに再び目を閉じた安斉さんは、ぱたりと仰向けに倒れ

て再び動かなくなり、やがて心臓もその役目を終えた。

そこで初めて、母親は娘の名を叫び、声を上げて泣き崩れたという。

人間の身体は、脳から送られた命令が神経に伝わり筋肉が反応して動く仕組みだ。脳幹を含め、脳全体の機能が失われた脳死状態で、それはあり得ない事態であった。

脳死判定の基準には、細かな条件が設定されている。判定が間違いだったとは到底考えられない。

なのに安斉さんは起き上がり、最期に涙を流して眠りに就いた。

「医療の現場では、常識では考えられないようなことが、たまに起きるんだよね」

安斉さんの涙は、若くして終えることになった人生への嘆きか、長い闘病生活を共に過ごした先生や母親への感謝か。

かの名曲を耳にするたびに、ふと思いを馳せてしまうのだと、久恵さんは語る。

どうして彼は

常識では考えられないような話を、看護師の久恵さんから続けて伺った。

詳しい場所や年代の明記は避けるが、久恵さんが一時期勤務していた病院で、ある日衝撃的な事故が起きた。

交通事故で脊髄を損傷し、生涯ほぼ全身不随となった男性患者が、病室で自殺を図ったのだ。

ベッドから動くことのできない、寝たきりの患者がどうやって？

一番に出たこちらの質問への久恵さんの回答は、更に驚愕の内容だった。

「その患者さんね、奇跡的に左腕の肘から先だけは動けたの。だから、左手側にベッドの手元スイッチとナースコールを設置していたんだけれど」

電動ベッドの角度や高さを調節するためのコントローラと、看護師やスタッフに対応を求める際に使用する呼び出し装置。

　その二つを使って、男性患者は自ら命を絶ったのだという。辛うじて動いた左手で、ナースコールのコードを首に巻きつけ、その状態のまま電動ベッドの背もたれの部分を起こし、首が絞まるように操作をしたのだ。

　そして哀しいかな、彼はその目的を達してしまった。

　もちろん大問題になり、二度とこのような不祥事を出してはならないと、患者へのメンタルケアもより注力し、ナースコールのコードを可能な限り短く設置したりなどの対策も徹底された。その緊張感からか、職員の間ではしばらく、ピリピリとした空気が流れていた。

「だから、余り大きな声ではみんな言わなかったんだけれど、その患者さんが使っていたベッドが、ちょっとおかしくなったんだよね」

　亡くなった患者さんのベッドには、以降しばらく新たな患者さんが入ってくることはなかった。だが当の空いたベッドが、

「気が付くと、背上げした状態になっている」

　と、一部のスタッフの間で噂されていたという。

誰も操作した覚えはない。なのにベッドはフラットな状態から、いつの間にか背もたれが起きている。何度か現象が続いたため、電源を抜いてしまったにもかかわらず、その報告は続いた。

久恵さんは実際には、ひとりでに作動したベッドを目撃していなかったのだが、こんな出来事があったという。

問題のベッドは、やはりそのまま使うのはどうかと、入院病棟の端に位置する一室へと運ばれた。そこは入院患者の家族用の控室として用意された場所であったが、本来の仮眠室が遠かったその病棟では、部屋が空いていた際、仮眠に利用している職員がいた。移動の時間も惜しむ多忙な医師などが、部屋に置かれていたソファで束の間の眠りを取っていたのだ。

そこに、件のベッドが持ち込まれた。

ある夜勤の日、深夜の病棟を巡視していた久恵さんは、明かりの落ちた廊下の先に、白い床に点々と跡を付けた染みを見つけた。

近づいてみると、血のようだった。時に点滴の針から、血が漏れて垂れることがある。

どこの病室の患者さんだろう。

と、咄嗟に頭を働かせたが、疑問もよぎった。

こんな夜中に、いったい誰が点滴をぶら下げて出歩いているのだ？　トイレも談話室も逆方向だし、第一ナースステーションにほど近い談話室に、この時間患者が出入りしていたら、確実に注意を受けるだろう。

よく見れば、床に落ちた血痕は、ある部屋へと向かって続いている。病棟の端、例のベッドが置かれている部屋だ。

血痕を避けながら部屋の前まで近づくと、扉が開け放たれた空室の状態で、仮眠をしている職員はいなかった。噂のベッドも、平らなままで異常はない。

しかし、廊下の途中からベッドまで、血の痕は続いているのに、そこに誰もいない状況は不自然すぎた。

嫌な胸騒ぎがして、廊下を振り返り息を呑んだ。

確かに床に付いていた血痕が、綺麗さっぱり消えていた。血痕に気づいてから数分にも満たない。自分以外の誰かがあとから来て、血を見つけ掃除をして立ち去るような時間はなかったはずだ。反射的に病室の床に視線を落とすと――、
痛々しく残されていた血の道筋が、廊下同様跡形もなく消え去っていた。

「あぁそうそう、言い忘れていたわ。その自殺した患者さんね、死因は自絞死になるんだけれど、巻いたコードが擦れちゃって、結構血だらけだったんだよね、首元が」

想像を絶する、痛ましい最期に言葉を失う。

深夜の病院で血を流しながら歩いていたのが、自ら死を選んだその患者だとしたら、後悔の念が彼をこの世に彷徨《さまよ》わせていたのか。それとも、

「自分の身体を治せなかった病院を、恨んでいるぞのアピールだったのかもね」

茶化すわけでもなく淡々と、久恵さんは告げた。

確かめる、術はない。

君の名を

「これは怪談ではないんだけれどね」

　実話怪談執筆のために設けた、ビデオ通話での取材の場。幾つか体験談を聞かせてくれたあと、友人の大嶋君が、「もうひとつ話があるんだけど」と続けた言葉が、冒頭の一文だった。

　怪談ではないのなら、何の話だ？　お互いの近況や共通の友人に関しての雑談か？　それも一興と、取材ノートを閉じようとしたところ、

「怪談だとは思っていないんだ。だって、全然怖くはなかったから」

　そう言って聞かせてくれたのは、是非著作に残したいと感じた、心に響くエピソードであった。

　時代は一九八〇年代、昭和の頃に遡る。

東京・山の手の中学に入学した大嶋少年は、同じクラスになったひとりの女子に恋をした。肩先で揺れるボブスタイルの髪型がよく似合う、大人びた女子。裏表がなく、誰に対しても変わらないハキハキとした物言いからは、知性と他者への気配りが感じられる。

「俺、アイツのこと好き」

大嶋少年は彼女への思いを、まずは周囲に徹底してアピールした。恋敵を減らすためのけん制というよりも、初めての恋心をどう扱っていいのか分からずに出た行動かもしれない。

「俺、おまえのこと好き。すげぇ好き」

本人にも、直球で伝えた。どこかに呼び出したりもせず、公衆の面前で、何度も繰り返した。

「何言ってんのよ大嶋は」

「バカじゃないの？」

「はいはい分かった分かった」

大嶋少年からの熱烈なラブコールを、初恋の君は恥ずかしがることも嫌がることもなく、かといって明確な答えも返さずに軽口を叩きつつ、さらりと受け流すのが常だった。「大嶋ぁ」と、男友達から呼ばれるように、苗字を呼び捨てにされるのも密かに嬉しく感じていた。ある日席替えがあり、運命的に初恋の君と隣の席になったのだが、二人の関係は変わることはなかった。

そんな折、ヤナセというクラスの女子に「話がある」と、放課後に呼び出された。呼び出しと言えば体育館の裏。言われた通りひとりで出向くと、やはりひとりで来ていたヤナセから、

「あの子も、あんたのこと好きだって」

と、衝撃の告白をされた。ヤナセは初恋の君と、小学校来の友人だった。初恋の君は、隣の席になって人柄をより知っていくうちに、大嶋少年が気になる存在に変わっていったらしい、とヤナセは言う。

天にも昇る気持ちであったが、若干十二歳の大嶋少年は、「両想い」という初めての状況にどう対処していいか分からなかった。当の本人の初恋の君はまるで以前と態度が変わらないし、ヤナセが嘘をついて、自分のことをからかっているのではと疑いもした。結局、ヤナセの発言は聞かなかったことにして、大嶋少年は初恋の君に対して今まで通りの接し方で、学校生活を過ごした。

そして関係は変わらぬまま、中一の終わりに、彼女は親の都合で他学区の中学へと転校してしまった。インターネットも携帯電話もなかった時代である。悲しいかな繋がりは消え、大嶋少年の初恋は終わりを告げた。

それから時は流れ、大学生になった大嶋君の元に、中学の同窓会の案内が届いた。

参加した会場にはヤナセの姿もあり、会の終わりに、初恋の君と連絡は取っているのかと声を掛けた。

「……あの子ね、亡くなったんだよ」

またしても、ヤナセの口から出たのは、衝撃の告白だった。今度は一番、聞きたくなかった類の。

元々身体が丈夫ではなかった彼女は、引っ越し後に大病が見つかり、入退院を繰り返し、二十歳になる前に命を落としたのだという。同窓会の開催を伝えたくて、なんとか引っ越し先の実家と連絡が取れた際には、既に彼女は他界して数年が経っていたのだとヤナセは続ける。

後日、ヤナセとともに初恋の君の実家を訪ねた。遠く離れた地に行ってしまったとあの頃は思っていたが、実際電車に乗ってみれば、一時間もかからない距離であった。

お線香を灯し、仏壇に手を合わせる。高校のものだろうか、知らない制服を着た写真の中の彼女は、あの頃より更に大人びた表情で、小さく微笑んでいた。

生きていれば、いつかまたどこかで会える。

そんな思いも、もう彼女に抱くことはできないのだ。

空っぽになった気持ちを抱え、彼女の実家をあとにした。最寄り駅の地下鉄のホーム、ヤナセと二人、言葉を交わすこともなく、うつむき気味に電車を待つ。電車の到着を告げるアナウンスが流れ、トンネルから近づいてくる周囲を震わすような走行音に顔を上げた際——、

『大嶋ぁぁぁ』

構内を吹き抜ける風の音の中に、自分の名を呼ぶ声が聞こえた。

彼女の声だった。

教室で、下駄箱で、階段の踊り場で、幾度となく耳にした、彼女の声だった。

どちらからともなく、隣にいたヤナセと視線が合った。零れるほどに両目を開き、口をパクパクとさせている。

「聞こえた？」

そう尋ねると、目を潤ませながらヤナセは大きくひとつ頷いた。

最後の別れがちゃんとできたと、恐怖よりも安堵の思いが胸を占めた。確かめることはなかったけれど、ヤナセも同じ気持ちであったであろうと考える。

「この話、誰かにするの初めてだよ」

そこまで語ると、大嶋君はふと口をつぐみ、考える素振りを見せた。

「こうやって、改めて話してみて気づいたことがあったんだけど」

あのとき、ヤナセの驚いた顔や潤んだ瞳から察するに、自分には『大嶋ぁ』と聞こえた彼女の声は、恐らくヤナセには、『ヤナセぇ』と聞こえていたのではないだろうかと、大嶋君は考察した。そして何よりそれこそが、初恋の君にふさわしい行為であると。

亡き友からの呼び声は、彼らにとって「恐怖」ではなかった。出会い、別れ、そして肉体は持たずにしてもまた巡り合えたことによって生まれた、いわば「邂逅《かいこう》」の「邂談《かいだん》」の呼び名を冠し、ここに記録させていただく。

あとがき

「狐につままれる」という慣用句がある。

狐に化かされたような意外な事態に、呆気に取られた様子の表現だが、この言葉にはかねてからとあるイメージを抱いている。

ふさふさ尻尾の愛らしい小狐に、二の腕辺りをきゅっと前足でつままれる感じ。痛いというよりくすぐったい。そんなイメージ。もちろん「狐につままれる」は比喩表現であるから、実際に狐がつねってくるわけではないけれど。あくまでもイメージで。

さて本著『狐火怪談』。最後までお読みいただき、ありがとうございました。

全三十六編。厳密に申し上げると、一話の中に数話纏めて構成したお話もありますので、四十を超す体験談を綴らせていただきました。

「孫子の代まで呪い殺してやる」的な、酸鼻極まる類の怪談よりも、「狐につままれる」

の表現が似合うお話を多くお届けできたかと思います。

どのお話を取っても、体験者様それぞれのドラマを感じる貴重な経験であること。常にそれを念頭に置き、編んだ一冊であります。書き上げた現在、御協力いただいた多くの体験者様との二人三脚の長距離リレーを完走した気分です。

前作『貰い火怪談』に続き、単著という形で自身が手掛けた実話怪談を纏める作業は、「御縁」への感謝に満ちた日々でした。

作家としての活動を応援してくれる友人に家族、「実話怪談で続刊を」と、お声掛けいただいた竹書房怪談文庫担当のO様、そして何より、貴重な体験談を提供してくださった皆々様、更には本作をお読みいただいた読者様との御縁も――。

すべての方々との御縁があったからこそ、この一冊を作り上げることができました。

結ばれた御縁を大切に。そして本作を通じて、より新たな御縁が生まれることを願って、結びの言葉とさせていただきます。またどこかで、お会いしましょう。

二〇二二年 夏

松本エムザ

※貴方の怪異、是非お聞かせください。Twitter ID：@mza55ikeike

実話異聞 狐火怪談

2022年9月5日　初版第一刷発行

著者……………………………………………………………………松本エムザ
カバーデザイン…………………………………………… 橋元浩明（sowhat.Inc）

発行人…………………………………………………………………… 後藤明信
発行所…………………………………………………………… 株式会社　竹書房
〒102-0075　東京都千代田区三番町8-1　三番町東急ビル6F
email: info@takeshobo.co.jp
http://www.takeshobo.co.jp
印刷・製本………………………………………………… 中央精版印刷株式会社